Rose Blight/Germaine Greer

Heckengeflüster

*Aus dem Englischen
von Brigitte Walitzek*

Schöffling & Co.

Erste Auflage 2010
© der deutschen Ausgabe
Schöffling & Co. Verlagsbuchhandlung GmbH,
Frankfurt am Main 2010
Originaltitel: *The Revolting Garden*
Originalverlag: Private Eye/André Deutsch, London 1979
Alle Rechte vorbehalten
Einbandphoto: Marion Nickig
Satz: Reinhard Amann, Aichstetten
Druck und Bindung: Kösel, Krugzell
ISBN 978-3-89561-592-4

www.schoeffling.de

Inhalt

Heckengeflüster

*Germaine Greers
Heckenschüsse*

Bodendecker

Londoner Gärten sind zum Gruseln. Zum einen, weil die städtischen Wachstumsbedingungen jedem pflanzlichen Leben derart abträglich sind, dass nur das allergenügsamste Grünzeug einigermaßen damit zurechtkommt, zum anderen, weil Londoner Gärtnerinnen vor allem ein Ziel haben: die vorbeiströmenden Passantenhorden von ihrem kleinen Reich fernzuhalten, wozu sie sich jeder List und jeder Tücke bedienen.

In der Hoffnung, möglichst unentdeckt gärtnern zu können, verlegen sich routinierte Gärtnerinnen gern auf so unvergleichlich langweilige Pflanzen wie den Liguster, insbesondere den Immergrünen, *Ligustrum ovalifolium*, der sich durch nichts davon abhalten lässt, seine schlackengrünen Blätter verbissen durch jedwedes Dunkel bis in luftige Drei-Meter-Höhen zu recken, seine dreckstarrenden Zweige lammfromm teilt, damit die Müllmänner mit ihren Tonnen durchtrampeln können, und Plastiktüten und Zigarettenschachteln in sich hineinfrisst wie ein gigantischer Teppichdackel.

Eine Schicksalsgefährtin findet er in der *Aucuba japonica*, der japanischen Aukube, auch Goldblatt oder Goldorange genannt, deren pustelgelb gesprenkelte Blätter sich selbst dann noch unerschrocken an ihren Stängeln festklammern, wenn der Rest des Gartens längst unter Bergen von Matratzen, verrosteten Bettgestellen, Flaschen, Konservenbüchsen und über Zaun oder Mauer geschmissenen Kinderwagen dahingesiecht ist. Sollte die Gärtnerin den Wunsch verspüren, sich als Kupplerin zu betätigen und einen Zweig mit männlichen Blüten an die blühende weibliche Pflanze zu halten, wird sie mit leuchtendroten Früchten belohnt, die jedoch leider, leider nicht giftig sind.

Eine weitere Pflanze aus japanischen Landen, die unsägliche Zimmeraralie, *Fatsia japonica*, begnügt sich ebenfalls bereitwillig mit einem Leben in Dreck und ewigem Halbschatten, und zwar, weil ihre fetten Stängel und ledrigen Blätter so abgrundhässlich sind, dass sie unendlich dankbar dafür ist, überhaupt irgendwo angepflanzt zu werden.

Explodierende Personalkosten haben Blumenrabatten in öffentlichen Parks und Gartenanlagen ein Ende bereitet. Stattdessen sind Bodendecker angesagt. Als Bodendecker bezeichnet man jede niedrig wachsende, kriecherische Vegetationsform, die sich bäuchlings robbend über den Dreck ausbreitet, den die Londoner Erde nennen, bis alles Hacken und Unkrautjäten, im Grunde genommen also alles Gärtnern, überflüssig geworden ist. Efeu, Weiderich und ein unliebenswürdiges Gewächs namens *Pachysandra terminalis*, japanischer Ysander oder Dickmännchen, sind augenblicklich die absoluten Favoriten. *Lysimachia nummularia*, das Pfennigkraut, gelb, platt und schnellwachsend, überwuchert jeden noch so hässlichen Schandfleck schneller, als man seinen Namen aussprechen kann. Minze und Melisse dagegen sind nur bei unerfahrenen Gärtnerinnen beliebt, denen nicht bewusst ist, dass die beiden sich darauf kapriziert haben, ihre Wurzeln durch die anderer Pflanzen hindurchzuwühlen und die kahlen Stellen schön kahl zu lassen.

All diese Pflanzen erfüllen durchaus ihren Zweck und sind auf ihre langweilige Art auch durchaus abstoßend. Allerdings wird die infame Gärtnerin, die diese vegetabilen Langweiler tagtäglich vor Augen hat, ihrem pflichtbewussten Stumpfsinn nur wenig positiv Anregendes abgewinnen können und sich bald darauf verlegen, etwas aktiver Abscheuliches auszuhecken.

Gerüche

Zu den schlagkräftigsten Waffen im Arsenal der boshaften Gärtnerin gehört der Geruch. Andere mögen *Anthemis nobilis*, die Kamille, wegen des süßen Dufts anpflanzen, den ihre zerdrückten Blätter verströmen, unsere Gärtnerin entscheidet sich für *Anthemis cotula*, die Hundskamille, deren Geruch an warme Pferdepisse erinnert. *Senecio viscosus londinensis* riecht wie der Urin kleinerer, niedrigerer Lebewesen, beispielsweise Frettchen, was angesichts der Tatsache, dass das Klebrige Greiskraut sich gern an Laternenmasten ansiedelt, nicht weiter überraschend ist. Sein Cousin, *Senecio jacobaea*, das Jakobs-Greiskraut, duftet nicht ganz so widerlich, besitzt dafür aber den zusätzlichen unschätzbaren Vorteil, extrem giftig zu sein.

Hypericum calycinum, das Niedrige Johanniskraut, kriecht nicht nur gern auf dem Boden herum, sondern wird dem Vernehmen nach von Hunden als überaus widerwärtig empfunden. Das ihm verwandte, angeblich zitronenduftende Johanniskraut, *Hypericum hircinum*, ist ebenfalls niedrigwachsend, weist aber zudem die erstaunliche Tugend auf, intensiv nach altem Ziegenbock zu stinken. Diese bemerkenswerte Eigenschaft teilt es sich mit der spektakulären Bocks-Riemenzunge, *Himantoglossum hircinum,* die bis zu einem Meter hoch werden kann und deren Blüten sich, wie der Name schon sagt, durch merkwürdige, lang herabhängende Zungen auszeichnen. Gelingt es der boshaften Gärtnerin, eine solche Bocks-Riemenzunge bei sich anzusiedeln, oder wahlweise auch das Wanzen-Knabenkraut, *Orchis coriophora,* das den unverkennbaren Hauch von Bettwanzen verströmt, kann sie mit Fug und Recht stolz auf sich sein, denn beide riechen nicht nur grauenhaft, sie sehen zudem fast noch grauenhafter aus – wie ein Bündel Schaschlikspieße, auf die man die Innereien diverser Kleintiere aufgepiekst hat.

Für Londoner Gärtnerinnen stellt der echte Knoblauch ein echtes Problem dar, denn er braucht Sonne und gut durchlässige Böden. *Allium triquetrum* jedoch, der Glöckchenlauch, eine schleimigere Variante, die feuchte, schattige Standorte bevorzugt, hält nicht nur alles fern, was im Garten kreucht und fleucht, sondern verscheucht auch menschliche Besucher.

Falls Ihr Garten von der eher sumpfigen und morastigen Sorte sein sollte und Ihre Abflussgräben gelegentlich überlaufen, gelingt es Ihnen vielleicht, die fette, glänzende Scheincalla bei sich heimisch werden zu lassen, entweder die amerikanische Variante, *Lysichitum americanus*, auch amerikanischer Stinktierkohl genannt, die schmierig-gelbe Blüten trägt, oder aber die ostasiatische, *Lysichitum camtschatcensis*, die weiß ist.

Es steht jedoch zu befürchten, dass selbst diese übelriechenden Pflanzen nichts gegen den alles andere überlagernden Geruch ausrichten können, der den Londoner Garten kennzeichnet, eine unvergleichliche Mischung aus rolligem Kater, ranzigem Fett, verbranntem Gummi und verstopftem Gulli. Deshalb könnten sich anti-soziale Gärtnerinnen aus Gründen der Selbstverteidigung gezwungen sehen, zum direkten Angriff überzugehen.

Selbstverteidigung

Falls Ihr Garten das Einzige ist, was zwischen Ihrem heimischen Herd und einer von Touristen, Junkies, Säufern und Fußball-Fans heimgesuchten Straße steht, brauchen Sie Pflanzen, die den unbedachten Zudringling in seine Schranken weisen. Eine große Stechpalme würde sich jedem über den Zaun kippenden Schnapsbruder oder euphorisierten Kiffer mannhaft entgegen stellen, doch da Stechpalmen nur sehr langsam wachsen, wäre es vielleicht ratsam, sich zunächst einmal auf die wehrhafteren Rosensorten zu konzentrieren.

Die *Rosa filipes* 'Kiftsgate' ist in der Lage, ausgewachsene Ulmen zu strangulieren, und Cannabisbeseelte Freaks, die sie in den Würgegriff nimmt, fänden in ihren Armen einen schmerzhaften, aber immerhin wohlriechenden Tod. Sollten sie dummerweise versuchen, sich ihrer eisernen Umklammerung zu entwinden, könnten sie sich dabei selbst bis auf die Knochen häuten.

Die Existenz der Dunwich-Rose rechtfertigt sich durch die erstaunliche Fähigkeit ihrer größeren Dornen, das Blut nur so spritzen zu lassen, während ihre Millionen kleineren wochenlange Qualen verursachen. *Rosa spinosissima*, die Bibernell-Rose, passenderweise auch Stachlige Rose genannt, ist, wie der Name schon sagt, so unvergleichlich stachlig, dass sie sich bei höheren Windstärken selbst sämtliche Blätter vom Leib fetzt.

Allerdings sind Blüten bei den meisten der wirklich bösartigen Rosen mehr oder weniger nur ein Nebeneffekt, so dass Passanten nicht aktiv dazu verlockt werden, ihnen Blut und Flüche darzubringen. Um dem abzuhelfen, kann man eine der attraktiveren Hybridrosen direkt hinter die Killerrose setzen, was bewirkt, dass Passanten, sobald sich die ersten Knospen öffnen, alle Vorsicht in den Wind schlagen und, sobald sie sich dabei verletzen, geradezu gotteslästerliche Flüche gegen Sie ausstoßen, was überaus vergnüglich zu beobachten ist, es sei denn, Sie hassen die ledrigen Hybridrosen und sind der Meinung, dass der Aufwand sich nicht lohnt.

Noch furchtbarer als der furchtbare Londoner Passant ist der Londoner Hund. Und die Kombination von Hund und Hundebesitzer ist ein spezieller Fall für sich, wie mir aufging, als ich beobachtete, wie eine Hundebesitzerin mein Gartentörchen aufklinkte, damit ihr räudiger Pudel seinen dampfenden Ammoniakstrahl mitten ins lächelnde Gesicht meiner Aurikeln platzieren konnte.

Da sich beim Hund Augen und Nase relativ dicht am Boden befinden, ist er relativ leicht verwundbar. So z. B. hat die schmalblättrige Berberitze, *Berberis x stenophylla*, wundervoll lange, versteckte Blattdornen genau auf Hundeaugenhöhe. Und die attraktive und nützliche Familie der Wolfsmilchgewächse zeichnet sich durch ihre gemeinschaftliche Gewohnheit aus, einen ätzenden, giftigen Milchsaft abzusondern, sollte sich ein dummdreister Vierbeiner unterstehen, ihre Blätter zu verletzen.

Der tödliche Garten

Der Londoner Garten, feucht, dunkel und unguten Einflüssen ausgesetzt, steht unter keinem guten Stern. Folglich gedeihen in ihm Pflanzen, die ähnlich ungute Eigenschaften besitzen, schwermütige, schwerblütige, übellaunige Pflanzen. Fast alles, was sich Dunkelheit und Fäulnis zur Heimstatt wählt, ist irgendwie giftig, einiges davon so sehr, dass es Haustieren (ha!) und Kindern (Halleluja!) merklichen Schaden zufügen kann.

Gartenmenschen neigen dazu, dieses Geheimnis eifersüchtig für sich zu behalten und weisen lieber auf die positiven Eigenschaften des Eisenhuts hin, statt aller Welt kundzutun, dass sie sich mit ihrer Neuerwerbung eins der tödlichsten der Menschheit bekannten narkotischen Alkaloide ins Haus geholt haben. Schon eine noch so flüchtige Berührung der Blätter führt zu unangenehmen Hautreizungen, während die Pollen Entzündungen der Augen hervorrufen. An einer Stelle angepflanzt, wo die Nachbarskinder ständig in

Ihren Garten hopsen, übt das *Aconitum* dutzendfach Rache.

Aconitum napellus, der Blaue Eisenhut, auch Mönchs- oder Reiterkappe genannt, ist eigentlich sogar recht hübsch, obwohl die blauen Blüten vom Ausdruck her an einen eingegefrorenen Schrei erinnern. Seine Hütchen vertragen sich gut mit den flachen, fledermausähnlichen Blättern von *Atropa belladonna*, der Tollkirsche, einem Nachtschattengewächs der tödlichen Sorte, deren schimmernde schwarze Beeren für Kinder sehr verlockend (und sehr tödlich) sind. Um dieses Pflanzschema komplett zu machen, brauchen Sie nur noch die zart gefiederten und wunderbar giftigen Blätter von *Conium maculatum*, dem Gefleckten Schierling, und die flaumig-klebrigen Blätter und violett geäderten Blüten des schwarzen Bilsenkrauts, *Hyoscyamus niger*, und schon verwandelt sich Ihr finsterer Lichtschacht oder Souterrainwohnungsvorplatz in ein faszinierendes Gruselkabinett.

Noch interessanter wird der tödliche Garten durch geschmackvoll platzierte Helleboren, egal ob *foetidus, viridis* oder *niger*. Stinkender und grüner Nieswurz sind, wie auch die Christrose, problemlos erhältlich, hochgradig abführend und ext rem giftig. Ich selbst habe außerdem eine Schwäche für *Caltha palustris*, die Sumpfdotterblume, die das Leben im Londoner Postleitzahlenbereich W.10 liebt und ebenfalls relativ giftig ist, für *Anemone nemorosa*, das Buschwindröschen (giftig und so ätzend, dass es sogar zu Blasenbildung kommen kann), und für die beiden anderen charmanten Mitglieder der *ranunculaceae*, der giftigen Hahnenfußgewächse, insbesondere für den passend benannten Gift-Hahnenfuß, *Ranunculus sceleratus*.

Die Krönung jedes Mördergartens ist jedoch jenes hypnotisierend schrecklichste pflanzliche Phänomen, *Colchicum autumnale*, die Herbstzeitlose. Ihre grell-leuchtende nackte Blüte von der Farbe von schlecht durchblutetem Zahnfleisch kommt ohne jedes Blatt zum Vorschein, sobald das Herbstlicht schwindet und alles andere allmählich abstirbt. In sozusagen all seinen Bestandteilen beherbergt das üble Gewächs das giftige Alkaloid Colchicin, das mehr kann, als nur töten. Vielmehr kann die durch und durch diabolische Gärtnerin auch versuchen, ihre Blumensamen darin einzulegen. Monströse Genmutationen werden ihr Lohn sein.

Colcicum Portugalliæ

Ungeziefer

Sich selbst überlassen, sieht der Londoner Garten binnen ein bis zwei Tagen absolut abstoßend aus. Die warme, verpestete Luft in der Folge des berühmten »Treibhauseffekts« ist nämlich weit förderlicher für die Insektenvermehrung als für irgendwelche pflanzlichen Aktivitäten. Blattläuse, egal ob schwarz oder grün, Kriebelmücken, Bohnenläuse, Blasenläuse und Termiten vermehren sich exponentiell. Sie alle kommen voller Tatendrang aus ihren künstlich beheizten Winterquartieren hervorgekrabbelt, lange bevor Schwalbe oder Marienkäfer es wagen, sich in unseren Gefilden blicken zu lassen. Legionen von ihnen schweben mit den Märzwinden herbei, um sich wie die Pendler von Bombay auf einen Zug, als wimmelnde Masse auf die neuen Triebe zu stürzen.

Das Verhältnis von Pflanze zu Schädling sieht denkbar schlecht aus. Pflanzen, die anderswo immun gegen saugende Insekten wären, werden in London *faute de mieux* von ihnen angegriffen. Übergeschnappte Ohrenkneifer zerknabbern die

Triebspitzen der Clematis, während sich Asseln auf Bodenhöhe erbarmungslos durch ihre Stängel nagen. Jedes Blatt, das es tatsächlich bis zur Reife schafft, wird langsam aber sicher von Miniermotten eingesponnen.

Der durch die Luft angetriebene Dreck, der sich auf dem von den Blattläusen produzierten klebrigen Honigtau niederläßt, würde jede Pflanze ersticken, die die saugenden, beißenden, kauenden, bohrenden Tätigkeiten der Insekten überlebt hat, wäre sie nicht lange vorher von Spatzen zu Tode gepickt oder von Gott weiß wem ausgegraben, plattgetrampelt, plattgesessen, gestohlen oder aber durch einen Schwall tierischen Urins ersäuft oder unter einem Haufen Hundekacke begraben worden.

Der am häufigsten vorkommende Londoner Garten ist zugleich auch der abstoßendste: Ein Siechenheim voller verwachsener, bleichsüchtiger, maroder, verkrüppelter Pflanzen, die nach Exkrementen, Abwasser und Fäulnis riechen.

In der Gärtnerei

Neben meinem Gartentörchen wächst eine sehr teure *Potentilla fruticosa*. Dieser Fünffingerstrauch hat mich in einer renommierten Londoner Gärtnerei sagenhafte £3.50 gekostet, weil es sich laut dem im Topf steckenden Preis- und Infoschildchen um die vielgepriesene neue Sorte 'Red Ace' handelt. Sie hat chaotische Wachstumsgewohnheiten, lächerlich kleine Blätter und kurzlebige gelbe Blüten, die von rötlichen Äderchen durchzogen sind.

Wieso ist mein 'Rotes As' nicht rot? Vielleicht, weil ein Kunde in der Gärtnerei die Schildchen ausgetauscht hat. Vielleicht aber auch, weil die Züchter den Markt mit dubiosen Sorten überschwemmen, um in den vollen Genuss der Fanfaren der Royal Horticultural Society zu kommen, die in Sachen Gartenbau in Großbritannien *die* Institution ist. Doch der gewiefte Gärtnereiverkäufer bringt es natürlich fertig, mir einzureden, dass es allein meine Schuld ist, wenn mein rotes As nicht rot ist: es liegt an meinem Boden, meinen sonstigen Anbaubedingungen, meinen Pflanzenschädlingen, meiner grundsätzlichen Einstellung, meinen anderen, netteren Fingersträuchern, die die Neue fremdbestäubt haben könnten (falls sie schon geblüht hätten, was nicht der Fall ist).

Ein erfolgreicher Gärtnereiangestellter besitzt eine ganz bestimmte Aura, eine Mischung aus Kompetenz, Naturverbundenheit und onkelhaftem Charme. Die Frauen, die ihre Pflanzen bei ihm kaufen, vertrauen ihm, wie sie ihrem Arzt vertrauen und verinnerlichen die Unzulänglichkeiten seiner angekränkelten Ware, wie sie es mit den anderen Schlingen und Fallstricken eines übelmeinenden Schicksals tun. Mit Tränen in den Augen umklammern sie Topfpflanzen, die qualvoll an einer angezüchteten Virusinfektion dahingesiecht sind, entschuldigen sich, weil sie zuviel oder zu wenig gegossen haben, ihre Luft zu trocken oder zu feucht, zu zugig oder zu stickig ist, und sind dankbar für seine Erlaubnis, noch mehr Geld für überzüchtetes, ausgehungertes, in zu kleine Töpfe eingequetschtes, gammeliges Grünzeug ausgeben zu dürfen.

Eine typische Unterhaltung in einer Gärtnerei geht ungefähr so: »Ist das da *Amaranthus* 'Forest Flame'?« Gärtnereiangestellter, mit herablassendem Grinsen: »Gnädige Frau, das ist ein Roter Fuchsschwanz.« Bewunderndes Gequietsche von hingerissener weiblicher Kundschaft, der nicht klar ist, dass Amaranthus der korrekte Name eben dieser Pflanze ist, die an einen gehäuteten Phallus erinnert (sehr geeignet für den Gruselgarten, insbesondere die Variante 'Forest Flame', die besonders brandig aussieht) und weder weiß, noch wissen will, welche spezielle Sorte der gute Mann verhökert.

Londoner Gärtnereimenschen sind in allererster Linie Verkäufer. Sie wissen nicht nur, dass die meisten der Pflanzen, die sie verkaufen, todgeweiht sind, sie hoffen sogar, dass ihr Tod möglichst bald, jedenfalls noch vor dem Ende der Pflanzsaison eintritt, damit sie noch mehr ungesunde Ware verkaufen können. Und wenn die Pflanzsaison dann vorbei ist, verlassen sie sich darauf, dass ihre geistig unterbelichtete Kundschaft auch den Rest ihrer erschöpften, ausgehungerten, prä-senilen Bestände davonkarrt, die in den Wochen, in denen sie unter ihrer Obhut dahinsiechten, natürlich keinen Pence billiger geworden sind.

Gemüse

Seit der Explosion der Gemüsepreise hat einer meiner trägeren Nachbarn aufgehört, den Garten hinter seinem Haus, der Südlage hat, als Latrine für seinen schwarzen Labrador zu benutzen. Unter Entblößung eines mächtigen, schwabbeligen Oberkörpers machte er sich daran, mit dem Spaten auf der betonharten Fläche herumzukratzen und zu scharren und die Hundekacke zu einer feinen, drei Zentimeter tiefen Humusschicht zu zermatschen. In den auf diese Weise entstandenen kleinen Streifen kaum umgebrochenen Drecks rammte er zwei Dutzend fassungsloser Kopfsalatpflänzchen.

Die armen kleinen Dinger waren nicht wirklich für diese Prüfung gerüstet. Mit zu viel Wärme und zu wenig Licht in heißen Styroporkästen aufgewachsen, sahen sie viel zu verpäppelt und bleichsüchtig aus, um auch nur einen einzigen Tag im Freien zu überleben. Innerhalb von Minuten waren sie völlig dehydriert, brachen japsend zusammen und blieben, die transparenten Blättchen auf den Dreck geklatscht, reglos liegen.

Mein Nachbar war den Verheißungen von einem nie endenden Nachschub an frischem Gemüse aus dem eigenen Garten »für nur ein paar Pence« auf den Leim gegangen, und Geld für einen Gartenschlauch auszugeben, hätte den Sinn des ganzen Vorhabens zunichte gemacht. Also rannte er mit schwabbelndem Bauch mit einem Kochtopf zwischen Küche und Salat hin und her und feuchtete den Dreck so lange an, bis er eine Art Hundepissekonzentrat hergestellt hatte. Die Salatpflänzchen setzten ihr Siechtum fort.

Am frühen nächsten Morgen verspachtelten die Spatzen die wenigen Blättchen, die noch eine Spur Leben in sich hatten. Katzen jagten die Spatzen und hielten nur gelegentlich kurz in ihrem Treiben inne, um sich zu erleichtern und die übriggebliebenen Pflänzchen zu verscharren. Mein Nachbar erhob sich und kratzte sich den Kopf. Aber die Londoner Katzen und die Londoner Spatzen wären auch durch Netz oder Zaun nicht zu stoppen gewesen.

Währenddessen sitzen die Gärtnereiangestellten beieinander, heben ihre Champagnergläser und trinken auf den Geiz und die Ignoranz, die ihnen Lohn und Brot sichern.

Linden – o Graus

Ähnlich, wie man nicht an Albert Schweitzer oder Mutter Teresa herumkritteln darf, gehört es sich nicht, schlecht über einen Baum zu schreiben. Die unter offiziellem Schutz stehenden Londoner Lindenbäume zu verunglimpfen, ist, ohne Frage, ein Rückfall in frühkindliche Verhaltensweisen, zeugt von Intoleranz und steht einer Dame, zumal einer Gärtnerin, schlecht zu Gesicht. Dennoch ist die derzeitige Situation mit einigen Missständen behaftet, die an dieser Stelle aufgezeigt werden sollen.

Vor rund hundert Jahren bestückte irgendein Traumtänzer die neu errichteten Reihenhausfluchten Londons mit Alleen aus Winterlinden, *Tilia cordata*, der einzigen einheimisch-britischen Linde, einer Spezies, die heutzutage wirklich nirgends mehr zur Anpflanzung empfohlen wird, da sie extrem anfällig für Blattläuse ist.

Wahrscheinlich überwintern die Blattläuse in der Rinde. Sobald die ersten Blätter zum Vorschein kommen, verwandeln sich die Linden in

30 Meter hohe Brutfabriken, in denen ausreichend Blattläuse produziert werden, um den Bedarf der gesamten Rosenpopulation der Britischen Inseln zu decken. Dadurch, dass die Blattläuse den Saft aus den Lindenblättern saugen, verursachen sie das vorzeitige Abfallen derselben. Auf dem sogenannten Honigtau, den die Biester ausscheiden und der permanent von den Blättern tropft, bilden sich Rußtau-Kolonien. Das ständige Honigtau-Getröpfel, der Rußtau und der Dreck aus der Luft, der auf den klebrigen Blättern pappen bleibt, führt zum Ersticken jeder unter der Linde wachsenden Pflanze. Außerdem zerfrisst das Zeug den Lack geparkter Autos und überzieht die Bürgersteige mit einer gefährlichen Schmiere.

Die meisten der Bäume sind aus tiefem Schatten heraus dem Licht entgegen gewachsen, wo ihre Kronen bald zu dicht, üppig und schwer werden, als dass die Astgabeln sie noch tragen könnten. Bäume, die nicht ausgedünnt und abgestützt werden, stellen eine Gefahr dar; diejenigen, bei denen beides gemacht wurde, haben ihre Besitzer pro Stück bis zu £ 500.– gekostet. Falls Äste abbrechen oder gar ganze Bäume umstürzen, sind die Besitzer für alle entstandenen Schäden verantwortlich.

Befragt man Forstwirtschaftler, wie die Plage unter Kontrolle zu bringen sei, wird man mit Spott und Herablassung abgefertigt. Eine systematische Behandlung der kränkelnden Bäume wird nicht einmal in Erwägung gezogen. Verglichen mit den Linden, die dazu verdammt sind, bis in alle Ewigkeit dahinzusiechen, haben es die Ulmen, von denen in den 1980er Jahren zwanzig Millionen kollektiv vom sogenannten Ulmensterben dahingerafft wurden, geradezu gut.

Und was Albert Schweitzer und Mutter Teresa angeht …

Kompostbehälter

»Verwandeln Sie Ihre Gartenabfälle in reichhaltigen Kompost«, lockt die Zeitungswerbung, und früher oder später kann die geistig etwas minderbemittelte Gärtnerin nicht anders – sie muss diesem Sirenengesang folgen, ihre Pennies zusammenkratzen und sich bei der Firma Rotocrop einen Kompost-Beschleuniger bestellen.

Mein erster bestand aus vielen PVC-Platten, die zu einem zylindrischen Gehäuse zusammengesteckt wurden und sich einzeln hochschieben ließen, damit man den Kompost mit dem Spaten rausschaufeln konnte. Oben drauf saß eine wabbelige PVC-Abdeckung, die von Plastikstiften gehalten wurde und auf einem Aufkleber stolz verkündete: »Ausgezeichnet vom Design-Centre, London«. Es versteht sich von selbst, dass die Plastikstifte die PVC-Abdeckung nur so lange hielten, wie sich kein Regenwasser und keine modernden Blätter darauf angesammelt hatten, woraufhin sie sich prompt losrissen. Schnell wurde ein neuer, aufblasbarer Plastikhut entworfen, der ebenfalls die Auszeichnung des Design-Centres trug.

Wie auch immer. Der Kompostbehälter trifft per Post ein und wird in einem ebenen Teil des Gartens eigenhändig zusammengebaut. Vielleicht liegt es daran, dass sich die Erde um ihre eigene Achse dreht, vielleicht sind andere finstere Einflüsse am Werk, jedenfalls fangen die einzelnen Teile des Zylinders sofort an, sich in diese oder auch jene Richtung zu neigen, während manche zur gleichen Zeit tiefer in die Erde einsacken als ihre Nachbarn. Die verzweifelte Gärtnerin müht sich eine Weile damit ab, sämtliche Teile gleichzeitig in der Senkrechten und dazu auf gleicher Höhe zu halten, gibt sich irgendwann geschlagen, pustet den kreisrunden Deckel auf und versucht, ihn in eine krummbucklige, mehr oder weniger ovale Öffnung zu rammen. Je mehr stinkende Küchenabfälle in der Folgezeit in den Kompostbeschleuniger hineingetan werden, desto öfter darf sie Kämpfe damit ausfechten und ihn flehentlich bitten, doch gerade zu stehen und seinen Hut aufzubehalten.

Zu den gesuchtesten Freuden meines Lebens gehörte es, den Korken aus dem aufblasbaren Hut zu ziehen und ihn neu aufzublasen, bloß um zu beobachten, wie er im Laufe eines langen Sommernachmittags langsam wieder in sich zusammenschrumpelte. Der Geschmack des Mundstücks ist mir in unvergesslicher Erinnerung geblieben.

Die Designer unter dem Banner des Design-Centre bleiben natürlich unberührt von derart kleinen Widrigkeiten. Aber nachdem sich mein zweiter aufblasbarer Hut von seinen Stiften losgerissen hatte, die PVC-Platten unter meinen verzweifelten Versuchen, sie auf die gleiche Höhe mit den anderen zu klopfen, geborsten waren und das zweite Dutzend Stifte entweder gleich beim ersten Einstöpseln splitterte oder in der brodelnden Masse halb oder gar nicht verrotteter, auf jeden Fall aber widerlicher Abfälle verschwunden war, bestellte ich meinen dritten Deckel. Und siehe da, ein völlig neuartiger trifft ein, einer zum Hochklappen. Auch er trägt das Abzeichen. Auch er ist rund, was, leider Gottes, auf meinen Kompostbehälter schon lange nicht mehr zutrifft.

Damit der neue Deckel nicht vom Winde verweht werden kann, besitzt er zwei Saugscheiben, die man anleckt und an die dreckigen Seiten des Kompostbehälters drückt. Dieser Vorgang ist nicht ganz so intim, wie das Aufblasen der alten Plastiktitte es war, aber er stellt nichtsdestotrotz Nähe zu Ihrem persönlichen Kompost her, durch den sich gerade mehrere Millionen Würmer fleißig hindurchwühlen. Das Problem mit den Saugscheiben ist nur, dass sie sich unverzüglich wieder lösen, woraufhin der Deckel durch den Garten davonschwirrt, um aufs Geratewohl Blumen zu köpfen.

Wie üblich ließ sich die einfaltspinselige Gärtnerin durch die Aussicht auf Geldersparnis verlocken und verleiten. Nach drei Deckeln, ungezählten Haltestiften, endlosen geköpften Pflanzen und der Entlohnung des herbeigeholten Helfers, der das Ding leerte und neu aufstellte, ganz zu schweigen von den £22.95, die die Anschaffung gekostet hat, besitze ich den teuersten Kompost der westlichen Welt.

Aber ich besitze welchen.

Im Haus

Wie schon die Viktorianer sehr gut wussten, lassen sich einige der gruseligsten gärtnerischen Resultate mit einem Minimum an Aufwand im Haus erreichen. Sofern Sie eins haben, das, wie die meisten hierzulande, ungleichmäßig beheizt ist, kaum oder nur stellenweise Licht von außen erhält, voller Gasheizungsdämpfe und gleichzeitig zugig ist, können Sie praktisch jede Pflanze in wahrhaft qualvolle Verrenkungen hineinfoltern.

Allerdings hat es wenig Zweck, mit einer Pflanze wie dem Alpenveilchen anzufangen, das binnen einer Stunde die Blätter abwirft, bis zur Unkenntlichkeit verschrumpelt und ein für alle Mal den Geist aufgibt. Idealere Folterobjekte sind Pflanzen wie der Philodendron, der zwar sichtlich leidet, aber dazu gebracht werden kann, sich humpelnd, stöhnend und unter Schmerzen, aber dennoch verbissen, jahrelang dahinzuschleppen und seine schlaffen, mutlosen Blätter durchs ganze Zimmer zu spannen wie die geisterhaft flappenden Segel der *Mary Celeste*. Es gibt dämonische Gärt-

nerinnen, die Gefallen daran finden, ihre Philodendren, wenn irgend möglich, mehrmals an den
Wänden des dunkelsten Zimmers im Haus ent-
langzuführen, vorzugsweise des Esszimmers, wo
sie auf ihrer ewigen, vergeblichen Suche nach
Licht genau über dem Tisch die Hälse recken wie
die Aasgeier.

Bei Anhängern der innerhäuslichen Pflanzen-
tortur steht das Usambaraveilchen, *Saintpaulia
ionantha*, ganz oben auf der Beliebtheitsliste. Hält
man es in trockener Luft und gießt es schön von
oben, fault es auf wahrhaft spektakuläre Weise vor
sich hin. Hat man ein gutes Exemplar erwischt,
setzt selbst die leiseste Berührung Tausende von
übelriechenden Sporen frei, gegen die praktisch
jeder allergisch ist. Manche Pflanzenhasser sind so
süchtig nach dem Anblick der langgezogenen
Todesqualen der *Saintpaulia*, dass sie auf der Arbeit nur noch dann richtig funktionieren, wenn sie
dabei ständig von mindestens drei oder vier Pflanzen in unterschiedlichen Stadien des Todeskamp-
fes umgeben sind.

Die Samtnessel oder Gynure vergilt mangel-
hafte Pflege mit einer Überfülle kleiner, haariger,
orangefarbener Blüten, die vor dem Hintergrund
der violetten Blätter nicht nur niederschmetternd

abscheulich aussehen, sondern sich auch sogleich einen Grind aus Blattläusen und eine dicke Schorfkruste aus Weißen Fliegen zulegen. Auch wenn sie nicht in Blüte steht, zeichnet sich die Samtnessel durch ihr unschönes Wachstum und die Anziehungskraft der kleinen violetten Härchen auf ihren Blättern aus, die selbst das klitzekleinste Dreckatom aus der Luft herausgrabschen und sich durch nichts auf der Welt dazu bewegen lassen, es wieder herzugeben.

Falls die höheren Freuden der Pflanzenquälerei nicht das Richtige für Sie sein sollten, möchten Sie vielleicht dennoch auf einige absolut unzerstörbare Pflanzen zurückgreifen, um eine düstere Ecke so richtig schön freudlos zu machen. *Rhoicissus rhomboidea*, der Russische Wein, oft fälschlich als Känguru-Wein bezeichnet, hat schon so manche 1-Zimmer-Apartment-Bewohner in einen frühen Tod getrieben, während Gummibäume, Philodendren und Schusterpalmen – insbesondere wenn sie, von einer dicken Staubschicht überzogen, unweckbar im Dornröschenschlaf liegen – auf unvergleichliche Weise die Nichtigkeit des Lebens versinnbildlichen.

Das Makabre

In dem kleinen italienischen Städtchen Castiglione del Lago gibt es ein Lokal, das völlig von einem gigantischen Efeu vereinnahmt wurde, der sich dadurch, dass er seine Wurzeln in einem der karthagischen oder römischen Massengräber versenkte, von denen es in dieser Gegend reichlich gibt, zu einem wahren Monster entwickelte. Seine großen, rotschmierigen Blätter erinnern an zerknüllte, dreckige Taschentücher. Dem glücklosen Zecher kann es passieren, dass sich in der Zeit, die er braucht, seinen Campari zu schlürfen, ein dicker fetter Efeuarm wie eine mordlüsterne Girlande um ihn schlingt. Die Besitzerin des Lokals hat schon vor langer Zeit aufgehört, stolz auf das Ding zu sein und kann nur noch voller Entsetzen zusehen, wie es zum zehnten Mal an diesem Tag seine Fesseln sprengt und sich um die Hälse der schwindenden Kundschaft windet.

Nur die wenigsten von uns können mit einem derartigen Erfolg rechnen, wenn wir versuchen, im Haus extrem abstoßende Pflanzen zu züchten, es sei denn, wir machen es wie Isabella in John Keats' gleichnamigen Gedicht und tun einen menschlichen Schädel zuunterst in den Topf. Falls Sie in der Nähe eines Friedhofs leben, gelingt es ihnen vielleicht, irgendein gruseliges, fleischfressendes Ding dazu zu bringen, an Ihrer Außenwand hoch und durchs Fenster ins Haus zu wachsen. Doch die meisten von uns, die die Höhen des pflanzlichen Horrors erklimmen möchten, müssen sich mit ein paar ausgesuchten Epiphyten, sprich Aufsitzerpflanzen, begnügen.

Die beliebteste darunter ist die Aechmea. Beim Kauf wird man Ihnen sagen, sie sollen den hohlen Blatttrichter immer mit Wasser gefüllt halten. In ihrem natürlichen Umfeld ernährt sich die Pflanze nämlich von einer Suppe aus verrotteter Pflanzen- und Insektenmaterie, die sich von Gärtnerinnen mit einem Hang zum Ekligen problemlos nachkochen lässt.

Die Kannenpflanze (*Nepenthes*) ist viel schwieriger zu kultivieren, dafür allerdings auch unvergleichlich lohnender, denn in den großen Kannen, die sich an der Basis mancher Blätter bilden, fängt sie Insekten – allerdings nicht so spektakulär wie die Venusfalle, bei der man zusehen kann, wie die Kiefer über der Beute zuschnappen. Bei der Kannenpflanze pappen die Insekten nur auf dem klebrigen Rand fest und rutschen dann langsam in die Kanne hinein, wo sie, wie in einem pflanzlichen Magen, von Verdauungssäften aufgelöst werden. Eine Pflanze, die ähnlich ekelhaft anzusehen ist, allerdings nicht ganz so sehr freischwebenden Gedärmen ähnelt, ist die durch nichts zu bändigende Pfeifenblume, wobei einige Arten den zusätzlichen Vorteil besitzen, einen widerlichen Geruch zu verströmen.

Die makaberste der makabren Pflanzen ist jedoch die Stapelie, die auch den schönen Namen Aaspflanze trägt und aussieht wie ein lepröser Seestern, der sich von seinen eigenen fauligen Stielen ernährt. Das aufgedunsene, klebrige Innere stinkt nach verdorbenem Fisch, was Fliegen dazu verlockt, als Teil ihres widerlichen Lebenszyklus ihre Eier darin abzulegen.

Diebe

Seit die Weihnachtsgirlande eine knappe Stunde nach dem Anbringen von unserer Haustür verschwand, haben wir versucht, Vorkehrungen gegen Diebe zu treffen. Leider minderten die Stahlklampen, mit denen wir den Ersatzkranz sicherten, die weihnachtliche Wirkung doch ganz beträchtlich. Zu Zeiten, als Gärtnereien noch Schecks annahmen, galten Gärtner als ehrliche Menschen, aber seit mein Thymian, *Thymus* 'Aureus', aus seinem Beet gerupft wurde wie ein fauler Zahn aus gammeligem Zahnfleisch, musste ich meine Meinung revidieren.

Stromausfälle sind des Gartendiebs größte Freude. Tagsüber steht er da und bewundert Ihre liebevoll gepäppelte Weinraute *Ruta graveolens* ›Jackman's Blue‹, aber kaum dass am Abend die Straßenbeleuchtung ausfällt, flitzt er wie ein wildgewordener Handfeger die Straße entlang, umrieselt von einem Wust bläulicher Blätter, die Sie nicht einmal dann wiedererkennen würden, wenn Sie sie am nächsten Tag auf einem Straßenmarkt sähen.

Als neulich bei der Chelsea Flower Show am Vincent Square alle Lichter ausgingen, hatten die versammelten Gartenliebhaberinnen gute zwanzig Minuten lang die Gelegenheit, ihre Anoraks vollzustopfen, bevor die Veranstaltungsleitung sie bat, das Gelände »zu ihrer eigenen Sicherheit« zu verlassen. Es steht zu hoffen, dass sich zumindest ein paar der Trieb-Diebe die Daumen mit ihren eigenen Gartenmessern aufgeschlitzt haben.

Wenn Gärtnereien allerdings 50 Pence für fast bewurzelte Minze-Stielchen verlangen, halten sich die Sympathien für sie in Grenzen, wenn geplagte gärtnernde Menschen zurückschlagen. Die knauserigen unter ihnen vertreten gern die Meinung, dass jeder Idiot teure Pflanzen kaufen und seinen Garten damit bestücken kann, während diejenigen, die wirklich einen grünen Daumen haben, selbst große Flächen abwechslungsreich gestalten können, ohne sich auch nur von einem einzigen Penny trennen zu müssen – einfach indem sie über ihre gärtnernden Freunde herfallen und sofort anfangen, abzurupfen, abzuschneiden, abzutrennen und auszugraben, wenn der Besitzer der Pflanzen auch nur eine Millisekunde mit seinem »Nein« zögert.

Ich gestehe dem Billig-Gärtner eine Menge Sympathien zu – ich selbst hätte die Verluste in meinem Garten niemals ohne die Hilfe einer getreuen Freundin in Gloucestershire ausgleichen können. Der Gartendieb jedoch ist eine völlig andere Spezies. Er weiß bis auf den letzten Penny genau, welchen Wertzuwachs Ihre Pflanzen je zehn Zentimeter Wachstum aufzuweisen haben. Natürlich arbeitet er normalerweise in einer Gärtnerei.

Herbst

Um diese Jahreszeit gibt es in meinem Garten nicht mehr viel zu sehen. Die 'Bishop of Llandaff' zieht immer noch eine riesige Schau ab und die 'Michigan' ist übersät von kleinen, feuerroten, pickelgroßen Blüten. *Abutilon megapotamicum*, die Schönmalve, hat einen blühenden Trieb zustande gebracht, und die Tithonien sehen so hinfällig aus wie ihr Namensgeber aus der griechischen Mythologie (der als sabbernder Tattergreis endete). Eine gute Gelegenheit, den Reißverschluss meines Anoraks hochzuziehen, den Schlagring, der das einzige ist, was mein lieber Ehemann mir zurückließ, in die eine und zwei kalte Würstchen in die andere Tasche zu stecken und eine Runde um den Block zu drehen.

Im nördlichen Kensington trägt der Herbst gedämpfte Farben. Die Lindenblätter kleben schwärzlich auf den unebenen Bürgersteigen, auf denen ältere Menschen, die Feuerholz aus dem Bauschrottcontainern zusammensuchen, auf beängstigende Weise ins Straucheln geraten. Ihre modernisierten Miniwohnungen werden keine Kamine mehr haben, weiß der Himmel, wie sie sich dann warmhalten wollen. Die Blutflecke vor der Nr. 43, wo ein Mädchen aus einem Fenster im dritten Stock geschmissen wurde, sind in den Boden eingesickert. Die *Rosa* 'Mermaid' würde an dieser Stelle prima gedeihen. Dampfschwaden umwabern die Sockel der Laternenmasten; die Erdgeschoßbewohner waren schon mit ihren Hunden draußen. Ein Spätaufsteher hält das Klapptörchen der Grünanlage auf, damit auch sein Köter einen dampfenden Haufen in diese idyllische Anlage pflanzen kann, die auf Kosten der Allgemeinheit zu eben diesen Zweck gärtnerisch neu gestaltet wurde und wo bereits zahllose andere Haufen vor sich hindampfen. Die Bettler sind schwalbengleich aus ihrem Schlafsaal ausgeflogen und haben nur den Rotschopf zurückgelassen, dessen Bein in einem neuen Gipsverband steckt. Ich schiebe ein Würstchen in seine Tasche und gehe weiter, ohne ihn zu wecken.

Als ich um die Ecke biege, reißen meine Schritte einen bekifften Punk aus dem Schlaf. Ich habe gerade Zeit, das grelle Grün, Rot und Gold seines Irokesen-Schopfs und das Rosa seiner Plastiksandalen zu registrieren, bevor er den Müll wieder über sich zieht und weiterschläft. Nach dem, was er mit dem letzten Würstchen gemacht hat, das ich ihm gab, werde ich ihm mein zweites heute auf keinen Fall geben.

Ein Gutes an meiner Gegend ist, dass man hier weder chinesische Zaubernüsse noch Duftschneebälle noch die roten Stiele des Weißen Hartriegels zu sehen bekommt. Auch keine Steinmispel, außer man begibt sich auf die südliche Seite der Überführung. Stattdessen sieht man Phänomene wie die gigantische Geranie vor der Nummer 13, die sich in ein, zwei Tagen komplett – Blüten und alles – schwarz verfärben und so bleiben wird, bis im nächsten Jahr neue Blüten aus dem Schwarz hervorbrechen. Mit ihren ungefähr zwei Quadratmetern Durchmesser ist sie eins meiner persönlichen sieben Weltwunder.

Spaziergang

Trotz der Kälte hat sich die beachtliche Katzenbevölkerung der Nachbarschaft an der nächsten Ecke versammelt, um ihren Trieben freien Lauf zu lassen. Die Tiere werden aufmerksam von einem sehr kleinen Mädchen in einem quietschgelben Ski-Anzug beobachtet, demselben, wie ich glaube, das den Betrunkenen in Thorpe Close neulich beim Pinkeln zugesehen hat (ehrlich!). Meine gutgemeinten Bemerkungen über den Treibhauseffekt und das keineswegs der Jahreszeit entsprechende Paarungsverhalten der Katzen werden reichlich unterkühlt aufgenommen. Zu meiner Zeit sah das Studium der Natur noch völlig anders aus.

Die chemische Reinigung ist der Höhepunkt meines morgendlichen Streifzugs, denn Tetrachlorkohlenstoff oder was immer sie heutzutage verwenden, scheint einen günstigen Einfluss auf robustere Topfpflanzen zu haben. Grünlilien vermehren sich wie wild und vereinnahmen mit ihren spinnenartigen Ablegern den ganzen Laden, inklusive der Angestellten, die permanent aufpassen müssen, dass sich keine Luftwurzeln in ihre Hirne bohren. Um diese Stunde kann ich das riesige Fleißige Lieschen im Fenster in aller Ruhe betrachten. Seine 3 Meter langen glasigen Stiele, so dick wie ein dicker Finger, und seine siebzehn durchsichtigen Blätter versetzen mich immer wieder in Erstaunen.

Die Nordseite meines Blocks hat ihr eigenes Wunder, eine 'Queen Elizabeth'-Rose, die sogar jetzt noch, inmitten des angesammelten Mülls und des ewigen Getröpfels der Linden, verwegene, wenn auch klatschnasse Blüten trägt. Die 'Queen Elizabeth' ist ein schönes Beispiel für das Beste, was die Kunst der Veredelung zu bieten hat: selbst wenn man ihren Stil überhaupt nicht mag, muss man zugeben, dass sie zäh ist.

Zwei bartlose Jugendliche spähen wie zwei Rehe zwischen den Mülltonnen hervor und verlangen Geld für Drogen. Eines fuchtelt versuchsweise mit einem abgeschlagenen Flaschenhals herum. Als ich mein Würstchen zücke wie ein veritables Schweinefleischschwert, ergreifen die beiden die Flucht.

Die vierte Seite meines Blocks bietet mir das anheimelnde, altmodische Gequengel: »Hätten Sie vielleicht ein bisschen Kleingeld für was zu essen übrig, Missus?« Ich drehe mich um und überreiche ihm feierlich mein zweites Würstchen. Er nimmt es, wackelt ein- oder zweimal damit vor mir herum und bricht in Tränen aus. Als ich um die Ecke biege, um die letzte Etappe meines Heimwegs anzutreten, höre ich, wie er eine Kiste Milchflaschen anfleht, ihm zu verraten, was ich damit wohl meinen könnte. »Ein Würstchen, meine Fresse«, schreit er immer wieder, auf denkbar übellaunige Art.

Der Jubiläumsgarten

Die goldene Palme – ja, los, gib es ihnen – für den gruseligsten Garten des Jahres 1977 muss an das haarsträubende Machwerk verliehen werden, das bei den Anwohnern »Italienischer Garten« heißt, in offiziellen Kreisen aber »Jubiläumsgarten« genannt wird. Er liegt in jenem am wenigsten gärtnerischen Teil Londons, der völlig unzutreffend Covent Garden heißt.

Die Geister absolut misslungener Bepflanzungspläne, bestehend aus Tränendem Herz, Reseda und Wolfsmilch, grinsen und feixen gar abscheulich über konfusen, backsteingepflasterten Wegen. Ihre vertrockneten Weiten sollen so riesig und unüberquerbar wirken wie die Wüste Gobi, und zwar mittels absurd unproportionierter architektonischer Verschönerungen, als da beispielsweise wären ein zwergenhafter Obelisk (zweifellos im Gedenken an die Pflanzen errichtet, deren Kadaver sich in die Januarwinde lehnen) und kniehohe Balustraden. Dem Mini-Obelisken diagonal gegenüber stemmt sich eine sehr hohe (und folglich sehr teure), hoffnungslos unglückliche Zypresse gegen ihre Halteseile und müht sich zweifellos mit aller Kraft, an diesem Unglücksort bloß keine Wurzeln zu schlagen.

Die Gärtner, falls tatsächlich jemand anderes als Bühnenbildner und Eisenwarenhändler hier etwas zu sagen hatten, konnten sich offenbar nicht entscheiden, ob die Anlage alpin oder sumpfig sein sollte (wo sie doch nichts als städtisch ist), und so liegen sich Wermut, Jakobs-Greiskraut, Kapaster und Heiligenkraut, alle dilettantisch viel zu dicht nebeneinander gepflanzt, unter einer missmutigen chinesischen Mahonie – *Mahonia bealii* – in den Haaren. Die Krone einer Birke wurde von irgendeinem vorbeikommenden Euthanasie-Anhänger abgerissen. Zwei seltsame Löcher, eins länglich, eins oval, tun sich aufs Geratewohl klaffend auf, so dass die in ihnen dahinkümmernden braven Strauchveronikas jämmerlich schluchzen und mit den Zähnen knirschen können, ohne von irgendwem gesehen zu werden, außer von den paar Alkoholikern und alten Damen, die nach Anbruch der Dämmerung in die Löcher hineinpurzeln. Vielleicht sollten sie mal Teiche werden, aber im Augenblick sammelt sich auf den gepflasterten Wegen mehr Wasser als in ihnen.

Der Standort für diese hirnrissige Ansammlung sterbender Vegetation und jetzt schon hochgewölbter ruinös teurer Backsteine war schlecht vorbereitet, das Pflanzschema reine Zufallssache. Es ist eine Schande zu sehen, wie gute, teure Pflanzen aus dem renommierten Hause Hilliers in ihren eingefassten Beeten darauf warten, dass der Tod sie schneller dahinrafft, als ihre Preisschilder (bei deren Anblick sich jedem Steuerzahler die Haare sträuben) verblassen können.

Sicher ist es zuviel zu hoffen, dass der Herzog von Gloucester, der den Garten erst am 29. September 1977 eröffnete, die Güte haben wird, zurückzukommen und ihn wieder zu schließen. Falls nicht, würden die wohlmeinenden Freiwilligen, die nicht nur ihre eigene Zeit und ihr eigenes Geld in diese Anlage gesteckt haben, sondern auch Zeit und Geld anderer Leute, bitte den Rat von Fachleuten einholen, bevor sie noch mehr der extrem raren Freiflächen von Covent Garden in Pestbeulen verwandeln.

Winter

Wie angenehm das Leben der Gärtnerin in diesen Wintermonaten doch ist. Sie vertreibt sich die kurzen Tage und die langen Abende damit, Strategien zu entwickeln, wie sie den Müllmann dazu überlisten kann, den extra angelegten Pfad zu benutzen, statt über die Tulpen- und Iris-Schösslinge zu trampeln, um den Plastiksack einzusammeln, den sein Kollege ihm zugeschmissen hat, die Knospen der *Magnolia stellata* abzureißen, wenn er sich selbigen Sack über die Schultern wirft und den einen fetten roten Trieb plattzumachen, der alles verkörpert, was die Gelbe Kaukasus-Pfingstrose, *Paeonia mlokosewitchii*, dieses Frühjahr gegeben hätte. »DECKEL BITTE NICHT AUF DIE PFLANZEN SCHMEISSEN« verliert sich hoffnungslos unter allen möglichen sonstigen Graffitis und Kritzeleien.

Was für eine Freude zu hören, wie die Samenkataloge auf die Fußmatte plumpsen. Aber vergessen Sie alles, was Sie je über den Anbau runder Pariser Karotten, grauer Rote Bete und turmhoher, unzerstörbarer Kopfsalatpflanzen, an die nicht einmal die Schnecken gehen, wissen wollten! Thompson and Morgan bieten nun nämlich den »Shiitake« an:

»In Aroma und Gemack erinnert er an eine exotische Mischung aus Filet Mignon und Hummer, mit dem subtilen, unverkennbaren Unterton von Pilz und, unserem Empfinden nach, einer Spur Knoblauch.«

Was in der Tat mehr ist, als man von einem gewöhnlichen Pilz erwarten kann, denn der *Lentinus edodes*, der Shiitake, ist einer. Und er ist »fast einzigartig, was seinen hohen Gehalt an Ergosterol angeht«. Was vielleicht die Erklärung dafür ist, dass:

»Menschen seinetwegen Kämpfe ausfochten, die Stellen, wo er angebaut wurde, absolut geheimhielten und zwei Jahre warteten, bevor sie ihn ernteten! In der Ming-Dynastie erklärte der berühmte Dr Wu Ming den Shiitake zum ›Lebenselixier‹. Nur wer sehr reich oder königlicher Herkunft war, konnte ihn sich leisten, und alle glaubten, der Shiitake erhalte ihre Vitalität und wirke dem Alterungsprozess entgegen.«

Vermutlich können sich auch heute nur Leute, die sehr reich oder königlicher Abstammung sind, die £8.75 leisten, die T&M einem für einen höchsteigenen, speziell entwickelten Baumstamm aus »100% natürlichem, organischen Material« abknöpfen, auf dem dieser fabelhafte Fungus wachsen soll. Falls Sie sich krebskranke Nagetiere unter Laborbedingungen halten sollten, könnten Sie mit dem Shiitake zur Verkleinerung und Regradierung ihrer Tumore beitragen. Allerdings möchte T&M auf gar keinen Fall, dass Sie deswegen auf die Idee kommen, man versuche, ein Heilmittel gegen Krebs an den Mann oder die Frau zu bringen.

Angenommen, Sie möchten nicht, dass Ihr Haus von Wunderpilzen und Austernschwämmen eingenommen wird, so wie Sie auch die gewöhnlicheren Schimmelformen nicht unbedingt willkommen heißen würden, dann könnten Sie immer noch Chilischoten der Sorte 'Big Jim' anbauen und im Gros an Beate Uhse verkaufen.

Farbgebung

Oberflächlich betrachtet könnte man meinen, Gärtner hätten ein Faible für Farben. Die besonders Subtilen machen vielleicht mehr Getue um Form, Textur und Duft (letzteres nicht in London, wo alle Düfte von einem einzigen gewaltigen Geruch überlagert werden). Aber irgendwie sollte man doch meinen, oder etwa nicht, dass Gärtner im Großen und Ganzen und überhaupt etwas auf Farbe geben. Weit gefehlt. Jede Menge GärtnereimitarbeiterInnen, die zarte, blau- und graublättrige Pflanzen verkaufen, tun dies unter einer dicken Schicht aus orangefarbenem Gesichtspuder, magentafarbenem Lippenstift und chartreusefarbenen Haaren. Die Gärten, in denen die Pflanzen enden, sind genauso fauvistisch.

Viel ließe sich erreichen, um das schmerzliche Grell der durchschnittlichen Vorortbepflanzung aus Primel, Blaukissen, Buntlippe und Zierkirsche abzumildern, ließen Samenhändler davon ab, die Farben ihrer Varietäten zusammenzumischen. Allein beim Anblick der Fotos von Samenmischungen namens »Farbparade«, »Feuerwerk«, »Mardi Gras«, »Fiesta Gitana« und »Sonnenuntergang« gehen einem die Augen über. Zu sehen, wie die Pflanzen selbst in der Sommersonne tanzen, ist das Ultimative an visuellem Schock, was man verkraften kann.

Wie jeder feststellen musste, der im Jubiläumsjahr versuchte, seinen Garten in Rot, Weiß und Blau zu bepflanzen – vorausgesetzt es ist Ihnen gelungen, eine Gärtnerei zu finden, die bereit war, Pflanzen in einer einzigen Farbe zu verkaufen –, sind die Farbvorstellungen, die in der Welt der Berufsgärtner vorherrschen, nicht mit denen von anderen Menschen zu vergleichen. Alles, was nicht definitiv rot oder gelb ist, kann in dieser Welt als blau bezeichnet werden. Die Zwergiris, *Iris reticulata*, die zur Zeit in meinem Garten blüht, nennt sich 'Royal Blue', ist aber bei egal welchem Licht nicht etwa das, was man unter Königsblau oder auch unter Tory-Blau versteht, sondern Fastenzeit-Violett. Das Adjektiv »blau« wird gleichermaßen unzutreffend auf Blaukissen, Flieder, Petunie, Aster, Lederbalsam, Usambaraveilchen, Clematis und Glyzinie angewandt. Die echt blauen Blumen – dies für jene, die sie rechtzeitig für eine Wahl anpflanzen wollen –, sind nach wie vor Kornblume,

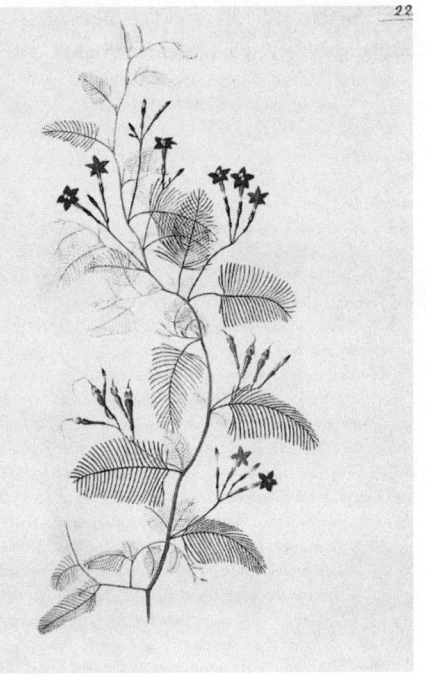

Lobelie, Traubenhyazinthe, Prunkwinde, Vergiss-
meinnicht, Rittersporn, Gemeine Ochsenzunge
und Enzian (für die wirklich Begnadeten). Und
natürlich Borretsch, für in den Pimm's.

Rot im Beet

Um nach meinen Bemerkungen über die Schwierigkeit, einen königs- oder toryblauen Garten hinzubekommen, nicht in den Verdacht zu geraten, in der gärtnerischen Welt herrsche eine sozialistische Grundeinstellung vor, ziemt es sich nun, einige kritische Bemerkungen über die noch größere Schwierigkeit anzubringen, wirklich rote Blumen zu ziehen.

Pfingstrosenrot ist wie das Rot von entzündetem Gewebe; Rosenrot die Farbe von ungesundem Zahnfleisch; Petunienrot hat wenig mit der Farbe britischer Briefkästen und Londoner Busse zu tun. Blumen in den Farben Karmesin, Blutrot, Rubinrot und Burgunderrot lassen sich leicht finden; aber das Rot der wilden Tulpen, das Robert Browning mit »einem zarten, schimmernden Blutstropfen« verglich, ist selten. Das Scharlachrot von Hybriden ist instabil und verwandelt sich bei jeder Veränderung der Bedingungen, besonders bei Fremdbestäubung, in Braunrot oder Orange.

Zu den schlimmsten Enttäuschungen gehören

lippenstiftrote Blumen wie die Schleifenblume 'Red Flash' und das Alpenveilchen 'Cardinal', während die chlorotische Färbung meines Fünffingerstrauchs der Sorte 'Red Ace' bereits an anderer Stelle in diesem Büchlein abgehandelt wurde. Das Wort »rot« in einem Pflanzennamen muss so interpretiert werden, als sei es von dem verstorbenen Senator McCarthy ausgesprochen worden. Die Kapuzinerkressesorte 'Red Roulette' zeigt ihre Blüten zwar, wie behauptet, frei von Laub, ist aber orange. Clematis-Sorten, die als »rubra« beschrieben werden, sind nicht röter als Rosenholz oder alte Blutflecken. Die großblütige Clematis 'Rouge Cardinal' hat eher das Rot der Nasenlöcher seiner Eminenz als das seiner Roben. Das Rot von Löwenmäulchen tendiert immer zu Krapprot oder schlichtweg Braun.

Der Kampf um die Entwicklung echt roter Hybriden wird seit langer Zeit mit Verbissenheit geführt. »Endlich«, rufen die Gärtnereien, »eine echt rote Petunie«, und warnen dadurch den schlaueren potentiellen Käufer, dass die Farbe auf Kosten anderer Eigenschaften erreicht wurde und im besten Fall instabil und nur von kurzer Dauer ist.

Die meisten wirklich scharlachroten Blumen brauchen strahlende Sonne, und der Londoner

Gärtner kann kaum hoffen, seine dunklen Ecken mit den Mohnblumen des Kornfelds aufzuhellen, oder auch nur mit wirklich scharlachroten Geranien (nebenbei bemerkt: Trotz der Anpreisung sind 'Sprinter'-Geranien nicht scharlach-, sondern lippenstiftrot) oder der Glorie jedes Vororts, dem Salbei. Um die Liebe in Ihrem Lichtschacht am Leben zu halten, brauchen sie das klare, naive Fleißige Lieschen.

Von diesen wenigen Ausnahmen abgesehen, und von den nützlichen roten Dahlien wie meiner geliebten 'Bishop of Llandaff', gibt es den roten Garten nur als Brutstätte des Revisionismus.

Rhododendren

In Wadhurst, Sussex, gibt es einen Amerikaner, der meint, dass es auf den britischen Inseln nicht genügend Rhododendren gibt. Er ist davon überzeugt, dass irgendjemand (vielleicht Lord Aberconway, der Präsident der Royal Horticultural Society) aktiv versucht, den Rhododendron zu verdrängen, sei es durch erzwungene Repatriierung oder durch die Verhinderung seiner weiteren Propagierung. Die Fürsprecher des Rhododendron, so argumentiert er, werden daran gehindert, sich im Interesse ihres Lieblings frei zusammenzuschließen. Hört man den Herrn reden, könnte man glauben, der triste, ledrige, allgegenwärtige, vermaledeite Rhododendron sei vom Aussterben bedroht und nicht etwa dabei, die Hälfte aller Häuser Englands mit finstern Grotten höhlenartigen Grüns zu umzingeln.

Nehmen Sie zum Beispiel Frogmore, dieses bezaubernde Anwesen, das den Geist der Zeit Königin Annes atmet und von Gärten umgeben sein sollte, die ebenso anmutig sind wie das Haus selbst. Königin Viktoria, nicht damit zufrieden, Frogmore durch den elefantösen Ausdruck ihres Kummers, das Mausoleum für Albert auf Zwergenformat zu reduzieren, erdrückte es zudem mit Giant Causeways und Fingals-Höhlen aus finsterem Strauchwerk, allen voran natürlich der grauenhafte Rhododendron, der, wenn er nicht gerade düster vor sich hintröpfelt, kurz in einem wirren Mischmasch aus Farben erblüht, wie man sie normalerweise nur bei Speck, Würstchen und weichgedünsteten Tomaten auf einem englischen Frühstücksteller findet, während Miss Mary Mosers wundervolle gemalte Kapuzinerkressen und Prunkwinden auf Wänden verblassen, die dringend gereinigt werden müssten.

An den sogenannten Gärtnersonntagen haben Pflanzenliebhaber alle Hände voll damit zu tun, jene Gärten aus ihren Programmen auszurupfen, die sich ihrer »Überfülle an Rhododendren und Azaleen« rühmen und in denen die liebliche englische Variante des Gärtnerns durch lastwagenweise abgekippten Torf ersetzt wurde, auf dem diese vulgären pflanzlichen Fremdlinge düster vor sich hinwuchern und alles Licht aus der Luft saugen, um ihr jährliches Blütenfeuerwerk entfachen zu können.

Frühling

Der Frühling mit seinem durch die Lüfte flatternden blauen Band und seinen süßen, wohlbekannten Düften ist offiziell angebrochen. Unter einer Schicht aus Schneckenschleim, Schneckenkörnern, Schneckenkadavern, biologischen Insektenvertilgungsmitteln und Bonbonpapierchen recken meine Funkien, Nelkenwurze, Frauenmäntel, Sonnenblumen, Pfingstrosen, Blausterne und Anemonen die Köpfchen hervor. Und gerade wenn man schwören würde, sie hätten es geschafft, kommt ein Frosteinbruch angerauscht und verabreicht ihnen den Todesstoß. Jedes Jahr. Jedes einzelne verdammte Jahr.

Milde Temperaturen, durchsetzt von tückischen Schnee-, Graupel- und Hagelschauern bei eisigem Frost, und zwar, wenn man am wenigsten damit rechnet, also im März, April und natürlich im Mai. Das ist der englische Frühling. Von wegen blaues Band.

Den Frühling hierzulande zu beobachten ist genauso nervenaufreibend, wie wenn Charlie Brown

Anlauf nimmt, um den Football zu kicken, den Lucy für ihn hält. Aus Angst, wegen gotteslästerlicher übler Nachrede belangt zu werden, werde ich nicht sagen, dass Gott sich einen Heidenspaß daraus macht, unschuldigen Pflanzen absichtlich die falschen Signale zu übermitteln, aber ein Gott, der den schlechten Witz des englischen Frühlings jahrein, jahraus am Leben erhält, kann unmöglich ein Abtreibungsgegner sein.

Im allgemeinen heißen Gärtner jedes Wetter willkommen, weil jedes seine Funktion hat – mit Ausnahme der Frühjahrsfröste. Höre ich da etwa, wie Sie den alten Schwachsinn vom Abtöten der Larven von Schädlingen vor sich hinbrummeln? Das einzige im Garten, das den Februar und die grimmeren Teile des März unbeschadet überstand, waren grüne Raupen, die sich auf der *Rosa* 'Mermaid' leicht als die Abkömmlinge des Heckenoder auch Rosenwicklers identifizieren ließen. Nachdem sie den Rhododendren, den Schneebällen, der kleinen Weide, der Kamelie, zwei bislang durch nichts zu zerstörenden Geißblättern und einem Wust von Löwenmäulchen den Garaus gemacht und die Knospen der frühen Tulpen gefressen hatten, bevor sie auch nur aus der Erde lugten, tauften wir sie in Allesundjedes-Wickler um.

Was im Gruselgarten zu hören ist, ist nicht etwa melodisches Vogelgezwitscher, sondern das Zuschnappen von Raupenzähnen, das Glucksen und Gluckern von Blattlausmägen, die sich an noch nicht entfalteten Schösslingen gütlich tun, und natürlich der Bauchtanz der sterbenden Nacktschnecke.

Frühling (Fortsetzung)

Der Frühling setzt sich fort. Die Spatzen haben überall da, wo sie nicht sollen, ihre Nester gebaut und stärken sich für die bevorstehenden Mühen des Brütens, indem sie die noch unausgebildeten Knospen von meinem Waldgeißblatt *Lonicera brownii* 'Dropmore Scarlet' abreißen, während sich nur wenige Zentimeter weiter auf der *Rosa* 'Mermaid' eine große grüne Raupe auf die Hinterbeine aufrichtet und völlig ungehindert und ungestraft einen Bauchtanz aufführt.

Die zartbesaitete Gärtnerin muss sich nun gegen öffentliche Zurschaustellungen der Lüste der niedrigeren Spezies wappnen, die sich ihr allüberall aufdrängen. Kleinere Sträucher wedeln unter der Last kopulierender Spatzen wild hin und her – ein wahrlich entsetzliches Spektakel, bei dem das Männchen, bis zum Platzen mit Geißblattknospen vollgestopft, auf dem armen Weibchen herumhopst wie auf einem Trampolin und sich im Zweifelsfall nicht entblödet, mitten im Galopp das Pferd zu wechseln, sollte ein anderes Weibchen seine Aufmerksamkeit erregen. Und auf der Serpentine im Hyde Park veranstalten die Enten Gruppensexorgien, die sogar den Sex Pistols die Schamröte ins Gesicht treiben würden.

Die Knospen der Kastanien schwellen wie die Brüste der Aktrice Barbara Windsor, bloß ohne Badeschaum. Ganze Schwadrone lüsterner Insekten plumpsen hechelnd zu Boden, während Horden von grünen Blattläusen drohen, die gesamte Erde zu überrennen. Die Gärtnerin kann sich für das überwältigende Gefühl sexueller Unzulänglichkeit, das durch diese Darbietungen in ihr geweckt wird, nur dadurch rächen, dass sie in einen Tötungsrausch verfällt und von früh bis spät zertrampelt, zerhackt, zerquetscht und vergiftet, nur um am nächsten Morgen vom genau gleichen Fortpflanzungsgetöse geweckt zu werden.

Passanten

Sobald die Frühlingssonne an Kraft gewinnt, kommt die tatendurstige Gärtnerin aus dem Haus geschlurft, um die Schäden zu begutachten und wird prompt von etwas attackiert, das sich Passant nennt. Es ist nämlich eine kuriose Tatsache, dass alle, die in den mietpreisgebundenen Wohnungen der Londoner Arme-Leute-Bezirke leben, früher einmal gegärtnert haben. Obwohl sie nun glücklich und zufrieden zwischen Bergen aus verrostetem Schrott und tierischen Exkrementen leben, ohne auch nur die leiseste Versuchung zu verspüren, sich einen Spaten zu greifen, ist ihnen extrem viel daran gelegen, dass meine gärtnerischen Aktivitäten ihren hohen Ansprüchen genügen.

Die erste vorbeischlurfende Schreckschraube fixiert meine *Rosa* 'Frühlingsgold', die nicht nur überlebt hat, dass Jugendliche sie mit Stöcken traktierten und ihr Fußbälle in den Bauch knallten, sondern außerdem der Wurzelfäule und dem Allesundjedes-Wickler trotzte, und weist mich vorwurfsvoll darauf hin, dass sie Blattläuse hat. Die alte Hexe weigert sich, von dannen zu ziehen, bevor sie nicht mit eigenen Augen gesehen hat, wie ich die Rose besprühe. Dann schleicht sie sich, nicht ohne jedem, der bereit ist, ihr zuzuhören, von ihrer abgrundtiefen Verachtung für mich zu berichten.

Schreckschraube Nummer Zwei besteht darauf, dass die Quitte unbedingt Wasser braucht, dabei braucht die arme alte *Cydonia vulgaris* nur eins – ein neues Zuhause so weit wie möglich weg von der Stadt. Um die Alte loszuwerden, muss ich ins Haus gehen und hinter dem Küchenvorhang hervorlinsen, bis sie weg ist. Kaum bin ich wieder draußen, um den toten Salbei auszulichten, taucht auch schon Schreckschraube Nummer Drei auf, sieht mich streng an, reißt einen ganzen Zweig der *Rosa* 'Maigold' samt Dornen und allem ab und schleppt ihn in ihre Einzimmerwohnung.

Während ich das schadhafte Holz herausschneide, unterbricht ein Busschaffner, der seinen Dienst hinter sich hat, das Nuckeln an seiner Dose Carlsberg Special, um mir einen Vortrag in Sachen Rückschnitt zu halten, in dessen Verlauf er doch glatt versucht, sich meiner Gartenschere zu bemächtigen, um meine Rosen zu attackieren. Ich behaupte, das Telefon klingeln zu hören und flüchte.

Als ich mich wieder nach draußen schleiche, will der alte Mann aus dem übernächsten Haus wissen, ob ich die Absicht habe, auch dieses Jahr wieder »diese fürchterliche Kapuzinerkresse« anzupflanzen – meine geliebte Kapuzinerkresse, die in diesem ganzen Dreck so brav wächst! Sie schleppt nämlich, so spricht er, Blattläuse ein, wahrscheinlich mit dem Samenpäckchen, in dem sie kommt. Sein Freund – denn meine Straße ist eine von denen, in denen sich in die Jahre gekommene Homosexuelle niederlassen, nachdem sie ihr Leben damit verbracht haben, die Haare der Berühmten und Schönen zu machen – ist ebenso sicher, dass meine wundervolle 'Bishop of Llandaff' Ohrenkneifer anzieht.

Als das alles überstanden ist, kommt die kleine Dame im braunen Mantel und bleibt einfach nur schauend am Törchen stehen. Bemerkt sie mich, wird sie schrecklich verlegen und geht schnell weiter. Manchmal hat sie ein kleines Mädchen bei sich, dem sie beibringt, ebenfalls zu schauen. Wenn die beiden nicht wären, hätte ich wahrscheinlich längst aufgegeben.

Rasen

Einer meiner Nachbarn hat sich einen Rasen zugelegt. Das heißt, er hat den Garten hinter seinem Haus umgegraben und Stunden damit verbracht, die Steine einzusammeln, die sich in dem Gemengsel aus Ruß und Bauschutt, den die Londoner Erde nennen, von allein zu vermehren scheinen. Dann hat er sie über den Zaun in meinen Garten geschmissen. Außerdem geworfen hat er drei eingedellte Eimer, etwa einen Zentner kaputter Backsteine und eine Männerunterhose. Anschließend hat er den Boden glattgeharkt und den Samen ausgesät.

Die Neuigkeit von der frisch umgegrabenen Erde sprach sich schnell herum. Die Katzen standen regelrecht Schlange, um sich darüber herzumachen. Die Ameisen hörten auf, meinen Garten zu besuchen und die Schneckenkörner wegzuschleppen und verlegten sich darauf, Grassamen die Backsteinmauern hinauf und hinunter zu transportieren. Auch die Spatzen erfuhren die Neuigkeit und kamen in Scharen herbei, und der große schwarze Retriever von nebenan raste auf der Jagd nach den Katzen und den Spatzen kreuz und quer über die eingesäte Fläche. Als er damit fertig war, kam eine große Ringeltaube, um aufzuräumen.

Der Nachbar füllte eine Plastiktüte mit Katzenscheiße und warf sie in meinen Garten. Ich trug sie ums Haus herum und stopfte sie, in die Männerunterhose eingewickelt, in seinen Briefkasten. Zweifellos sieht er sich jetzt als Opfer rassistischer Übergriffe. Er harkte den Boden noch einmal glatt und warf weiteren Samen aus. Die Tiere wiederholten ihren Ansturm. Selbst wenn es nicht zu kalt gewesen wäre, als dass der Samen hätte keimen können, hätten die Spatzen die Keime gefressen, da sie eine angeborene fernöstliche Vorliebe für Sprossen aller Art haben.

Bevor der Nachbar zum dritten Mal säte, spannte er Maschendraht und lange, mit Wimpeln aus Alufolie behängte Schnüre. Der schwarze Hund riss sich das Ohr ab, als er bei der Verfolgung einer läufigen Shih-Tzu-Hündin durch den Zaun krachte, während sie es irgendwie schaffte, sich mit den Wimpelschnüren zu strangulieren. Die Besitzer beider Hunde stürzten sich auf den Rasenliebhaber und erboten sich, ihm gleich beide Ohren abzureißen.

Als der Friede mühsam wiederherstellt war, herrschte eine etwas unbehagliche Harmonie. Der Rechen wurde hervorgeholt, der Boden wurde geharkt, der Samen erneut ausgesät. Und der Regen prasselte hernieder. Und spülte den Samen weg. Wenn die Sonne wieder zum Vorschein kommt, wird er keimen, und zwar in meiner bunten Blumenrabatte, auf meinem Gartenpfad und in den Ritzen von Mauern und Abläufen, wo die Ameisen ihn fallengelassen haben.

Rasen (Fortsetzung)

Das Widerwärtige an einem Rasen ist natürlich, dass man ihn mähen muss. Meine ganze vorstädtische Kindheit hindurch versaute das Rasenmähen mir die Wochenenden. »Du darfst – wenn du den Rasen gemäht hast!«, schrien sie ohne zu bedenken, dass ich, wenn ich mir beim Bergauf-Schieben des Rasenmähers einen Bruch gehoben hatte, vielleicht keine Lust mehr haben würde, zu tun, was immer ich gerne getan hätte. Und wenn ich nicht selbst am Schieben war, konnte ich nicht einmal denken, weil alle anderen beim Mähen so einen Krach veranstalteten – sie mußten das Cricketspiel nämlich auf volle Lautstärke drehen, damit sie es über ihr eigenes Keuchen hören konnten. Und dann kam der motorisierte Rasenmäher, und alle Schönheit, alle Anmut und alle Rücksichtnahme waren endgültig und für immer dahin.

Ich habe nie verstanden, wozu ein Rasen gut sein sollte, da die Freuden des Krocketspiels mich ziemlich kalt ließen und ich zu arm für einen eigenen Golfplatz war. Und Tennis spiele ich lieber auf praktisch jedem anderen Untergrund. Ein Rasen ist dazu da, sich als ununterbrochener lincoln-grüner Teppichboden dahinzuziehen, damit draußen alles genauso ordentlich und langweilig aussieht wie drinnen. Beim ersten kleinen Anzeichen eines Gänseblümchens kommen die Rasenliebhaber aus dem Haus gestürmt, bewaffnet mit widerlichen Giften, die die genetischen Signale von zweikeimblättrigen Pflänzchen durcheinander bringen sollen, so dass sie meinen, sie hätten bereits geblüht und den Geist aufgeben, oder mit seltsam gegabelten Gerätschaften zum Herausreißen von allem, was Pfahlwurzeln hat, womit insbesondere der brave Löwenzahn gemeint ist. Ein gepflegter Rasen ist das äußere Symbol einer triumphierenden Neurose und zeugt von Unterwerfung unter die Gedankenpolizei.

Komischerweise ist der größte Feind des Rasens das Gras. Der zarthalmige englische Rasen wird ständig bedroht von kräftigen, kriechenden Quecken- und Büffelgrassorten und was nicht allem, die immun gegen die diversesten Gifte sind und den Rasen sogar auf seinem heimischem Boden um Längen schlagen. Nichtsdestoweniger schinden Rasenliebhaber sich unermüdlich weiter ab, mähen und walzen und düngen und schnippeln und rekultivieren und machen sich selbst das Leben zur Hölle.

Falls Sie trotzdem unbedingt einen Rasen haben wollen, ist Kunstrasen die praktischste Lösung.

Aber wenn Sie einfach nur etwas Grünes, Weiches und Süßes wollen, damit die Kinder darauf spielen können, versuchen sie es mit *Trifolium repens*, dem Weißklee, der selbst bei größter Trockenheit grün bleibt und sich Jahr für Jahr selbst erneuert. Er wächst williger als Rasen unter Bäumen und hat nichts dagegen, betreten, betrampelt, plattgelegen, plattgesessen oder bepieselt zu werden.

Die Kröte

Nach all den Monaten winterlicher Nörgelei ist es Zeit für einen vorbehaltlosen Lobgesang. Aller Herzschmerz und all die tausend widernatürlichen Enttäuschungen, die der Stadtgarten jenen bereitet, die einfach nicht einsehen wollen, dass es besser wäre, das Ganze zuzubetonieren und den Cortina drauf zu parken, hätten sich gelohnt, gelänge es einem bloß, eine Kröte anzulocken und zum Bleiben zu bewegen.

Eine Kröte ist bei Gott ein liebenswertes Wesen. Unter keinen Umständen, und werde sie auch noch sehr von Hunger und Durst dazu getrieben, würde sie eine Pflanze angreifen. Stattdessen vertilgt sie scheffelweise Würmer, Käfer, Raupen und Ameisen, die sie mit ihrer erstaunlichen, am falschen Ende festgewachsenen Zunge am Gaumen zerquetscht. Wenn Sie das Tier in die Hand nehmen, umfasst es Ihre Finger mit seinen, blinzelt erst mit dem einen goldenen Auge, dann mit dem anderen, und wird am ganzen Körper blass vor Angst. Hat sie sich irgendwann an Sie gewöhnt, hört ihr Herz auf, panisch zu pochen, wenn Sie sie streicheln. Sie fühlt sich trocken und weich an, weder heiß noch kalt, und ganz gewiss nicht schleimig. Eher schwer, als sei sie aus einem kostbaren, glatten Stein gemacht.

Wenn Sie dafür sorgen, dass sie es bequem hat (womit in erster Linie gemeint ist, dass Sie irgendwelche Idioten daran hindern, sie zu belästigen), wird sie mit ihrer aus Schädlingen bestehenden Kost so mopsig wie ein Hundebaby. Vor allem, wenn Regen bevorsteht, kann man sie an den Abenden wie einen alten Vorstehhund im Garten herumschlurfen hören, wo sie, ähnlich wie Wale Plankton schlabbern, unermüdlich Insekten in sich hineinschlürft.

Auch wenn sie zu Stein gefriert, wird sie bei Tauwetter wieder lebendig. Wenn Nahrung knapp und das Wetter besonders ungemütlich ist, gräbt sie sich in die Erde ein und kann, obwohl fast vollständig begraben, auf diese Weise Monate überleben.

Wie alle netten Menschen lieben sich Kröten kurz nach dem Aufwachen, was einmal im Jahr der Fall ist, im März, bei ihrem jährlichen Bad, nach einer Umarmung, die mehrere Tage dauert.

Kröten sind nicht kriecherisch, sie schleimen

sich nicht ein. Oft findet man sie verzückt in einem wonnevollen Traum, wo die Blumen am dichtesten sind, absolut gleichgültig Ihnen und Ihren Angelegenheiten gegenüber.

Bufo bufo, die kluge, gutmütige, anspruchslose, bezaubernde Kröte! Es gab Zeiten, da konnte man auf dem Scheiterhaufen landen, wenn man ihr zugetan war.

Chelsea

Ein Besuch der Chelsea Flower Show bedeutet, dass man geblendet von den Leistungen Sam McGredys wieder nach Hause wankt. Dieses Jahr waren Rosen weit zahlreicher vertreten als alle anderen Pflanzensorten, und viele von denen, die für die Ausstellung ausgewählt wurden, waren von Sam McGredy gezüchtet worden, der schon die Jubiläumsrose des Vorjahres zu verantworten hatte, eine Rose namens 'Royal Salute', die in einem so krassen Farbton blüht, dass der Begriff »rosenrosa« seitdem fast zu einem Schimpfwort geworden ist.

Keine Rose macht so viel Getue um sich wie eine McGredy-Rose. So selbstbewusst wie ein Teilnehmer an den berühmten Debatten der Cambridge Union, bewirkt eine Rose wie 'Eye Paint', dass sich die Pupille selbst am wolkigsten Tag schmerzlich zusammenzieht, und die Aussteller versichern uns voller Stolz, dass das gnadenlose Scharlachrot, und erst recht das starrende weiße Auge, unter keinen Umständen verblasssen werden.

Vielleicht ist die Tatsache, dass Sam McGredy seine Rosen neuerdings unter dem gleißenden Himmel Neuseelands züchtet, der Grund dafür, dass er jede Zurückhaltung verloren hat. Doch ungeachtet der feuchtfröhlichen Namen seiner Rosen, gelang es 'Kronenbourg' (1965), 'Courvoisier' (1970), 'Irish Mist' (1967) und 'Typhoo Tea' (1975) nicht, sämtliche Farbe aus dem Rest des Gartens herauszuwaschen. Die neue 'Captain Cook' besitzt angeblich so viel »Leuchtkraft, dass sie sich praktisch jeder kohärenten Beschreibung entzieht« (John Mattock aus Oxford in seinem Katalog).

McGredy benennt seine Rosen nicht mehr nach Lady Seton (die vor ihrer Ehe Julia Clements hieß und viele Jahre lang als Englands führende Floristin galt), Elizabeth of Glamis (besser bekannt als Queen Mom), oder Picasso. Vielleicht spüren wir den demokratischen Einfluss der Antipoden-Kultur darin, dass seine Rosen nun nach neuseeländischen Rennpferden ('Young Quinn', 1978), oder nach Golfprofis wie Tony Jacklin heißen, aber was ihn, von schlichter Käuflichkeit abgesehen, dazu veranlasst hat, eine Rose wie das Branchenfernsprechbuch 'Yellow Pages' zu nennen, ist nicht so ganz klar. Geschähe ihr recht, wenn sie anfällig für Sternrußtau wäre.

Seine bislang vulgärste Rose ist nach der Frau des Vorsitzenden des pharmazeutischen Großunternehmens Fisons, Priscilla Burton, benannt. Ich weiß nicht, ob die gute Frau unter einer Überzahl geplatzter Äderchen auf den Wangen leidet, die Rose jedenfalls macht einen entschieden schlaganfallgefährdeten Eindruck, denn sowohl in Farbe als auch Textur erinnert sie an die scheußlicheren Rhodendendronarten oder die vulgäreren Geranien. Selbst im relativ gedämpften Licht der Zelthallen in Chelsea hinterließ sie auf der Netzhaut ein nach der Uhr exakt sechseinhalb Minuten anhaltendes phosphoreszierend grünes Nachbild.

Der Buckingham Palast

Das einzig Interessante, was mir je über den Garten des Buckingham Palastes zu Ohren kam, ist, dass es dort einen Kamillerasen gibt. Und wenn ich Tag für Tag um die riesige, abweisende Mauer herumfuhr, die dafür sorgt, dass die königlichen Flamingos ihre Ruhe haben, träumte ich von diesem Kamillenrasen als von einem darin eingeschlossenen Juwel. Die weißen Blüten der Kamille würden sich gerade rechtzeitig für die königlichen Gartenpartys öffnen, um von den neuntausend Gästen zu Brei zertrampelt zu werden und die königlichen Hirne in einen süßen Dämmer zu lullen. Irgendwie schien es nicht so recht zum königlichen Stil zu passen, sich einen Rasen voller Blumen zuzulegen, ohne sich um die Konsequenzen zu scheren, aber einmal habe ich mir ein paar *Anthemis nobilis* der Sorte 'Treneague' gekauft – angeblich die Sorte, die im Buckingham Palast verwendet wird –, und sie haben tatsächlich geblüht. Obwohl es hieß, sie seien nichtblühend. Alles sehr verwirrend.

Und außerdem alles Unsinn. Im Rasen des Palasts blühen ein paar Kamillen, basta. Es gibt dort nicht nur keinen Kamillenrasen, es gibt auch keine Statue – wie man es angesichts der königlichen Einstellung zur Kunst im allgemeinen erwarten würde – und keinen einzigen Brunnen. Statt sich an ästhetischen Narreteien dieser Art zu erfreuen, schweift der Blick von John Nashs westlicher Terrasse über den Hubschrauberlandeplatz. Es gibt nur sehr wenig Unkraut. Wiesenknöterich, Rainkohl und Kriechender Krähenfuß haben es schwer, sich hier zu behaupten. Und obwohl ein Teich vorhanden ist, ist keine Kröte ansässig.

Es gibt eine Sonnenuhr und ein Sommerhaus, und zahlreiche grimmige Armeen von Gedenkbäumen haben rechts und links des zweieinhalb Meilen langen, einförmig breiten Kieswegs Aufstellung genommen. Es gibt Strauchformationen aus Rhododendren, Kamelien und Magnolien, wie man sie auch auf dem Gelände jeder Irren- oder Besserungsanstalt finden würde. Und Rasen, Rasen, Rasen. Wir könnten mit den königlichen Flamingos als Schlägern und den Corgis als Bällen Krocket spielen.

Bauarbeiter

Man sollte eine Londoner Gärtnerin nie als glücklich bezeichnen. Es sei denn, sie wäre tot.

Alles lief so gut, wie man es nur erwarten konnte, vorausgesetzt, ich goß auch bei strömendem Regen jeden Tag unter den Lindenbäumen. Die Nachbarskinder hatten dieses Jahr nur eine einzige Rose zerhackt und nur den Hauptzweig der *Clematis orientalis* 'Sheriffii' abgebrochen, weil er sie in der freien Ausübung ihres sommerlichen Lieblingssports, Kleindiebstahl, behinderte.

Im Garten vor dem Haus blühte die Strauchpäonie zum ersten Mal, und die Schönmalve *Abutilon megapotamicum* kam zu dem Schluss, dass die Seitenwand des Hauses extra dazu da war, an ihr hoch zu den Sternen zu klettern.

Aber ich hatte die Rechnung ohne die Bauarbeiter gemacht, die die eingeschworenen Feinde von allem sind, was grün ist und wächst.

Sie fielen ins Haus hinter meinem ein, schwärmten ins oberste Stockwerk und schmissen das Dach runter – durch die Äste der Linden. Dem Dach folgten – in einem Sturm zerfetzter Blätter – Sofas, Sessel, Linoleumbeläge, Teppichböden, mehrere Tonnen Putzträger und Putz, ein paar hundert Backsteine und diverse Dutzend Getränkedosen und Zigarettenschachteln.

Als der Garten hinter dem Nachbarhaus mehr oder weniger mit diesem Gerümpel gefüllt war, zündeten sie den ganzen Krempel in getreulicher Befolgung ihrer Politik der verbrannten Erde an. Ein durchgeknallter Kretin fütterte die Flammen: sobald sie unter die Höhe des zweiten Stocks absanken, tauchte er flugs mit einer vor Ungeziefer wimmelnden Matratze oder einem plastikfurnierten Küchenschrank an einem Fenster auf. Die Hitze war so groß, dass der Anstrich meiner Fensterbänke Blasen warf. Über allem lag der unglaublichste Gestank, den man sich nur vorstellen kann. Er wurde noch intensiver, als der Kretin einen kläglichen halben Eimer Wasser auf den verkokelten Haufen kippte, bevor er des Abends seiner Wege ging.

Als Rauch und Dämpfe sich verzogen hatten, zeigte sich, dass das Grundstück völlig verlassen da lag. Egal welch irrwitzige Dringlichkeit diesen Wahn der Zerstörung ausgelöst hatte, sie war abgeebbt. Frieden kehrte ein. Mit der Zeit schwand der Bücklingsgeruch aus meinen Teppichen und Vorhängen. Der Duft der Lindenblüten erfüllte die Luft.

Doch weh mir, sie sind zurückgekommen, dieses Mal ins Haus nebenan. Ihre unergründlichen Ziele lassen sich nur dadurch erreichen, dass sie im ganzen Vorgarten Gerüste aufstellen.

Ich bin keine ebenbürtige Gegnerin für eine Horde muskelbepackter, mit Vorschlaghämmern und Spitzhacken bewaffneter Kerle. Mögen sie ruhig auf die unverschämteste Weise gegen sämtliche Gesetze verstoßen, ich werde mich nicht über unzulässige Feuer und das Schmeißen von Gegenständen aus dem fünften Stock beschweren, denn das würde nur dazu führen, dass zu mehr oder weniger zufälligen Schäden bewusste Sabotage hinzukäme.

Sie werden ihr Gerüst aufstellen. Die wenigen Pflanzen, die sie dabei weder köpfen noch zu Tode trampeln, werden sie langsam unter einem giftigen Regen aus Kalk und Mörtel begraben.

Ich wage keinen Protest.

Touristen

Der Gruselgarten liegt an einer Touristenroute, und um diese Jahreszeit schlappt die mittellose Jugend sämtlicher Nationen der Welt als nie endender Strom an meinen Fenstern vorbei. Wir sind verpflichtet, diese großen, unansehnlichen Heuschrecken zu dulden, weil sie, wie man uns immer wieder vorbetet, Devisen ins Land bringen. Dabei ist das internationale Jungvolk mit keinerlei Devisen, egal welcher Art, belastet.

Die riesigen deutschen Busse, die genau vor meinem Gartentörchen anhalten, den ganzen Tag dröhnend und röchelnd stehenbleiben und Unmengen von eklig riechenden Gasen und Flüssigkeiten absondern (»Busfahrt ist moderne Fahrt«), werden vermutlich in Deutschland mit der sagenumwobenen Deutschmark bezahlt, von der wir schon so viel gehört haben. Ihre Passagiere, grässlich anzusehen in Lederhosen und komischen Hüten, scheinen den größten Teil ihres Urlaubs gern damit zu verbringen, darauf zu warten, dass der Bus eine irgendwie geartete »Fahrt« veranstaltet und vergnügen sich derweil damit, auf dem Bürgersteig »Juffi Juffi Juffi di« oder im Inneren des Busses »Jupheidijupheida« zu singen. Alles sehr enervierend für die Gärtnerin, die sich möglichst unauffällig mit dem Gartenschlauch hervorwagt und zu viel unverständlichem Gelächter Anlass gibt.

Abgesehen vom Schenkelklatschen der in Bussen hergekarrten Besucher gibt es noch das gleichermaßen unverständliche Verhalten der Rucksacktouristen, die in der Regel amerikanisch und weiblich sind. Wieso irgendjemand meint, er müsse wie für eine Alpenwanderung ausgerüstet nach London kommen, geht zwar über mein Begriffsvermögen, doch zu sehen, wie puterrote, schwitzende Frauenspersonen mit monumentalen Schenkeln, die aus abgeschnittenen Levi's zu platzen drohen, sich unter Bergen von Campingausrüstungen die Bond Street entlangschleppen, lässt sich relativ einfach dadurch vermeiden, dass man der Bond Street fern bleibt. Aber wenn diese Gestalten die glücklose Gärtnerin bis in ihr eigenes Heim verfolgen, gibt es kein Entrinnen.

Unter der Illusion, dass London ein Vorort des Schwarzwalds ist, behandeln diese dickfelligen Wesen meinen lieben, kleinen Stadtgarten, als sei er einzig und allein zu ihrer Erbauung angelegt worden. Sie parken ihre fettsteißigen Leiber am Zaun, rammen ihre Rucksäcke in die Rosen, schaufeln Berge von *patisserie* zwischen ihre grellblitzenden Beißer und denken offenbar, dass meine Rosen kein besseres Schicksal verdienen als das Edelweiß, nämlich, von ihren hochwerten Personen gepflückt zu werden. Binnen Sekunden verlieren meine Lieblinge unter ihren fettglänzenden Nasen jeden Lebensmut und sinken kraftlos in ihre schwitzigen Hände.

Kann ich nicht lieber ein paar Einwanderer haben?

Voyeure

Meine Mutter hatte die Angewohnheit, halbnackt zu gärtnern, eine alte Unterhose auf dem Kopf, damit ihre Haare nicht staubig wurden. Wenn es kälter war, stieg sie in eine ausrangierte Hose meines Vaters, zurrte sie mit einem Stück Schnur fest und zog sich eine Strickjacke mit dem Rückenteil nach vorn über. Derart ausstaffiert fühlte sie sich für alle Schandtaten gerüstet. Ich brauche wohl nicht zu betonen, dass sie nicht im innerstädtischen London gärtnerte.

Die Londoner Gärtnerin muss darauf gefasst sein, zu allen Tageszeiten angestarrt zu werden, und zwar von sehr absonderlichen Leuten. Die meisten Bewohner Londons haben nämlich nicht das Geringste zu tun. Wenn Sie also nur kurz aus dem Haus schlüpfen wollen, so wie ich es gerade getan habe, um eine Geißblattranke festzubinden, die sich von ihrem Spalier gelöst hat, sollten Sie darauf achten, dass Sie für Streck- und Beugeübungen in einer erhöhten Position angemessen gekleidet sind. Der Mann im Regenmantel rührte sich geschlagene drei Stunden nicht von meinem Gartentorpfosten weg. Und jetzt bin ich mir nicht sicher, ob er nur weggegangen ist, um anzurufen und in den Hörer zu keuchen. Irgendjemand hat das jedenfalls gerade getan.

Alles, was Londoner Gärtnerinnen tun, wird von Hunderten von Augenpaaren beobachtet. Statistisch muss wenigstens eins dieser Augenpaare einem Spinner gehören. Der extrem hässliche Mann, der das Panoramafenster gegenüber bewohnt, verbringt einen guten Teil des Tages mit dem Versuch, mich auf sich aufmerksam zu machen, indem er wilde Grimassen schneidet und mir lüsterne Blicke zuwirft, wozu er, wie ich vermute, durch ein kleines bisschen ungeplantes Unkrautjäten im Abendkleid veranlasst wurde. Das Kleid war nicht wirklich tief ausgeschnitten, aber vielleicht doch nicht so ganz dafür geeignet, sich darin zu bücken.

Angesichts der gnadenlos öffentlichen Natur des Gärtnerns in London sollten Gärtnerinnen lieber darauf verzichten, ihren Pflanzen Vorträge zu halten, damit sie sich kooperativer zeigen, oder Purzelbäume zu schlagen, wenn sie einen neuen Trieb an ihrem Seidelbast *Daphne odora* 'Aureomarginata' entdecken. Irgendein krittelndes Auge bohrt sich immer zwischen ihre Schulterblätter. (Einer meiner Nachbarn schießt sogar mit dem Luftgewehr auf mich und könnte sich jedes Mal vor Lachen ausschütten, wenn ich versuche zu erkennen, wo der Schuss herkam.)

Und als ich neulich einer streunenden Katze eins mit dem Besen überzog, weil sie in den Topf mit der Zantedeschie gepisst hatte, kam es zu einem öffentlichem Aufschrei des Protests, wie ihn normalerweise nur Schiedsrichter beim Fußball zu hören bekommen.

Londoner Gärtnerinnen brauchen eine Tarnkappe, einen Unsichtbarkeitsmantel, etwas ähnliches wie einen Schutzanzug für Imker, eine *Burkha*, etwas jedenfalls, was an Handgelenken und Fußknöcheln festgemacht und in Tarnfarben gehalten ist. Bloß würde ich wahrscheinlich nie daran denken, das Ding auch anzuziehen. Erst gestern Abend habe ich in meinen rosa Hausschuhen den Garten gegossen.

Kinder

Gott, wie ich Kinder hasse! Bevor ich mit dem Gärtnern anfing, konnte ich Kinder eigentlich ganz gut leiden und kam auch einigermaßen mit Hunden aus. Diese Zeiten sind vorbei. Ein Kind, zugegeben ein fettes, fahles, pickliges Miststück von einem Kind, hat meine schönste Rose in Stücke geschnitten. Grund für dieses hochgradig unverständliche Tun war, dass ich es gewagt hatte, das Mädchen zu bitten, meinen Garten nicht als Tor für ein Spiel zu benutzen, das Fußball insofern ähnelte, als ein Ball vorkam – aber eigentlich war es mehr ein Mauerspiel, und die fragliche Mauer war mein Rosenspalier.

Glasscherben und rotierende Stachelspieße auf Mauerkronen sind, soweit ich weiß, verboten – das heißt, wenn man nicht gerade im Buckingham Palast lebt. Mein Gruselgarten hinter dem Haus ist von einer an die 2 Meter hohen Backsteinmauer umgeben, die von den Kindern als Durchgangsstraße benutzt wird. Da die Mauer nur 30 Zentimeter breit ist, gibt es häufige Zusammenstöße, die damit enden, dass ineinander verknäuelte Kinder um sich schlagend in und auf den Garten fallen.

Sobald ein Kind feststellt, dass es sich in einem Garten befindet, muss es sich auf der Stelle einen Stock greifen und auf die Pflanzen eindreschen. Dieser Zeitvertreib hat offenbar einen sehr hohen Befriedigungswert, da er von ohrenzerreißenden Begeisterungsschreien begleitet wird. Die Begeisterung wird umso größer, je mehr zerfetzte Blätter durch die Luft fliegen.

Blumenpflücken ist ja vielleicht eine verständliche Beschäftigung, vor allem, wenn man sich nicht damit abrackern musste, besagte Blumen eigenhändig hochzupäppeln, aber diese Kinder haben nichts mit Ketten und Girlanden aus Gänseblümchen am Hut. Sie sehen Blumen offenbar als Waffen, denn sie reißen sie mitsamt den Wurzeln aus, fuchteln damit herum, als wären es Schwerter und schlagen sie sich gegenseitig um die Ohren. Richtet man den Gartenschlauch auf sie, bekommt man es außerdem auch noch mit ihren entsetzlichen Eltern zu tun, denn wie es aussieht, gibt es in meiner ganzen Straße kein einziges Kind, dessen Lungen irgendwie angegriffen wären.

Unter keinen Umständen sollte man versuchen, vernünftig mit diesen Ungeheuern zu reden, denn anscheinend bringt man ihnen schon in der Schule bei, dass Gärtnern ungeachtet der Tatsache, dass schon Adam seine Felder umgrub, eine Art subversive Tätigkeit ist und jeder, der lieber Pflanzen als Menschenmassen um sich hat, aufgespürt und allen ausgefeilteren Formen der Demütigung ausgesetzt werden muss.

Wenn ich nur daran denke, dass ich einmal mit dem Gedanken spielte, ein Kind dafür zu bezahlen, dass es mir im Garten hilft! Heutzutage bricht mir allein beim Klang einer Kinderstimme der kalte Angstschweiß aus.

Die Toskana

In Italien gibt es zwei Arten von Horrorgärten – große und kleine. Das kleinere der beiden Übel ist der Garten, den man von Asti bis Agrigento in der Nähe von Bauernhäusern sieht, die es aus Naturstein oder mit kürbisfarben gestrichenem Gips- oder Zementverputz gibt.

Wichtiger Bestandteil dieses Gartens ist eine schöne Freifläche vor dem Haus, wo die *casalinga* den größten Teil des Tages damit verbringen kann, den Staub mal hierhin, mal dahin zu fegen, während sie alle Varianten menschlichen Verhaltens studiert, die an ihrer Tür vorbeidefilieren. Diese liegt zu eben diesem Zweck so nah an der Straße wie räumlich nur irgend möglich, und zwar ungeachtet der Sterblichkeitsrate unter der Hühner- und Kinderpopulation. Begrenzt wird die Miniwüste in der Regel durch eine einzelne Reihe der liebsten, sorgsam mit dreckigem Spülwasser genährten Topfpflanzen der Hausfrau. Hinter diesem Arrangement steckt die löbliche Absicht, ihre Schönheit mit der Öffentlichkeit zu teilen. In Fällen, wo das Haus unglücklicherweise sehr weit von der Straße zurückgesetzt ist, wird der Blumengarten am Randstein aufgebaut, auch wenn er dadurch vom Haus aus nicht mehr zu sehen ist.

Je exotischer und ungeeigneter eine Pflanze für ihren trockenen, windgepeitschten Standort ist, desto mehr gereicht ihre Zurschaustellung der Besitzerin zur Ehre. Und so kann man hundertjährige Schusterpalmen erblicken, die in direkter Linie von einer *bisnonna* weitergereicht wurden: Völlig erschlagen stehen sie in der prallen Sonne, überzogen von einer dicken Staubschicht, unter der ihre altehrwürdigen Blätter angstvoll knarren, wenn die Autozüge vorbeidonnern.

Angeblich haben ja die Italiener das Terracotta erfunden, aber sofern damit nicht das steinharte Zeug gemeint ist, in dem die Wurzeln der Pflanzen stecken, hat die italienische Kleingärtnerin dafür keine Verwendung. Sie zieht es vor, ihren Garten dazu zu benutzen, Passanten über die Konsumgewohnheiten ihrer Familie zu informieren, indem sie die leeren Lebensmittelbehältnisse zu Blumentöpfen umfunktioniert, die oft auffälliger und wichtiger sind als die in ihnen wachsenden Pflanzen. Was sind schon ein paar mickrige Geranien im Vergleich zur Glorie von Thunfisch, *olio extra vergine*, Anchovis, Artischockenherzen, gefüllten Oliven und 1-A-Schmieröl?

Da normalerweise irgendwelche Tiere rund ums Haus herum picken, kratzen, scharren, pissen, kacken und sich sonstwie vergnügen, ist der kleine italienische Grusel-Giardino oftmals eingezäunt – mit alten Bettgestellen, Resten von Maschendraht, kreuz und quer in den Boden gerammten Pfählen und dem ein oder anderen Stück Stacheldraht, in ad hoc-Kombinationen der höchsten Raffinesse.

Das einzige, was in diesem pflanzlichen Buchenwald überleben kann, sind die zäheren Rosen und die derberen Dahlien, die ledrigen Zinnien und die unbezwingbaren Astern, alle wegen ihrer augenfälligen Größe und Farbgebung ausgewählt. Dagegen erschließt sich einem der Reiz des ebenfalls beliebten Gartenspringkrauts, *Impatiens balsamina,* nicht gleich auf den ersten Blick. Sein hoher, glasiger Stengel, um den herum die Blätter und die Blüten (in den üblichen, an Gedärme erinnernden Farben) gruppiert sind, sackt nämlich in sich zusammen, sobald die gnadenlose Nachmittagssonne darauf herabbrennt, bis die Krone die ausgedörrte Erde berührt. Nichts freut die *giardiniera* mehr, als der Pflanze nach dem Abendessen einen Eimer Spülwasser ins Gesicht zu klatschen und zu beobachten, wie sie sich wieder aufrichtet. Intelligentere Leserinnen werden die Pointe dieses ganzjährigen gärtnerischen Witzes verstehen, wenn sie erfahren, dass der populäre italienische Name der Pflanze *begli uomini,* nämlich »schöne Männer« lautet.

Die Toskana (Fortsetzung)

Wie der kleinere italienische Grusel-*Giardino* zeichnet sich auch der große italienische Garten für gewöhnlich durch eine von Kübelpflanzen umstandene staubige Fläche aus. Obwohl die Landschaft üblicherweise hügelig ist und die Villa oben auf dem hügeligsten Teil thront, errichten die Granden große Wälle aus Stein und Mörtel, halsbrecherische Zick-Zack-Treppen und Ränge von Balustraden, die allesamt zum unvermeidlichen Parterre hinunterführen.

Die viereckige Masse der Villa selbst erhebt sich für gewöhnlich hoch über dieser Mini-Kalahari, ihre kargen Steilwände frei von weichem Blattwerk oder verspielten Ranken. Die Terrasse zieht sich darum herum wie ein Burggraben aus Kieseln, von dem es hinuntergeht zum Parterre, das gern auch eine ganze Familie von Parterres sein kann – Hoch-, Mittel-, Tief-, Nord-, Süd- etc. Aber während die bescheidenere *giardiniera* Terrakotta verabscheut, scheinen die Landschaftsgärtner der Großen entschlossen, ihr Werk davon beherrschen zu lassen, denn das ganze babylonische Stufengewirr scheint nur zu dem Zwecke da zu sein, eine Kollektion von Terrakottatöpfen, oft von wahrhaft ehrfurchtgebietendem Aussehen, zur Schau zu stellen, in die eventuell, eventuell aber auch nicht, ein paar missmutige Zitronenbäumchen hineingequetscht wurden. In einem ganz besonders scheußlichen Beispiel von Villen-Gärtnerei führten die Linien aller Hecken, Rampen, Kolonaden, Balustraden und Wege das Auge unwiderstehlich zu zehn riesigen, ruppigen Agaven vor einem passend zu den Töpfen terrakottafarben gestrichenen Sommerhaus.

Im großen italienischen Gruselgarten sind die Pflanzen der Architektur nicht nur untergeordnet, sie werden selbst Architektur, denn jede Vegetationsform wird permanent behandelt wie Mauerwerk. Kilometer von Buchs werden zu kleinen grünen Mauern oder barocken Schnörkeln und Arabesken zurechtgestutzt. Rechtwinklige Hecken aller Arten lassen den Besucher auf und ab marschieren, in der Regel ohne jeden Sinn und Zweck, denn der perfekt symmetische Garten soll nicht erforscht werden. Vielmehr soll er mit einem Blick erfasst werden, vom Potentaten, der hinter den blinden Fenstern des großen Hauses residiert und anscheinend kein größeres Vergnügen kennt, als festzustellen, dass seine Untertanen seinen Namen in Buchs geschrieben oder sein Profil aus Eibe herausgehauen haben.

In diesen Gärten scheint es keinen Wassermangel zu geben, allerdings darf es nur zu Schauzwecken benutzt werden. Putti dürfen es pinkeln, Delphine ausspucken, Venus darf es aus ihren Haaren wringen, aber niemand darf es den durstigen Pflanzen geben. Es darf nicht einmal leise murmelnd zwischen ihnen dahinfließen wie in den Oasengärten des Orients. Vielmehr muss es verspritzt und verschüttet werden, es muss plätschern und wallen; aber meist stagniert es einfach, so dass sich eine dicke Schleimschicht darauf bildet, die das einzig Grüne im Sommergarten ist.

Der Auto-Garten

Der außergewöhnlichste Garten der Welt ist tausende von Kilometern lang und etwa drei Meter breit, zieht sich in alle Richtungen dahin, teilt sich, verschwindet zur Gänze und tritt europaweit hügelauf und talab aufs Neue in Erscheinung. In England betrachtet man ihn als Wildgarten und ergo als Freigehege für psychopathische Mäuse und astigmatische Kaninchen, was einfach nur eine Entschuldigung dafür ist, überhaupt nichts damit zu machen. In anderen Teilen Europas dagegen ist er ein gartenbaulicher Triumph. Gemeint ist natürlich das zentrale Reservat der Autobahnen.

Italiener und Mittelmeerfranzosen nehmen angesichts der Üppigkeit der Landschaft, durch die ihre Straßen verlaufen, eine eher pragmatische Haltung ein. Dennoch ist der Anblick eines zwanzig Kilometer langen Oleanderstreifens in voller hochsommerlicher Blüte ein überaus erstaunlicher und befriedigender. Oleander ist viel zu giftig für den häuslichen Garten – ein ganzer Trupp Pfadfinderinnen starb, nachdem sie Koteletts gegessen hatten, die sie auf einem Feuer aus Oleanderzweigen gebraten hatten –, aber das Autobahnreservat ist ein perfektes Umfeld für die Pflanze, denn die Nähe der Asphaltschicht verhindert, dass ihre Wurzeln zu sehr austrocknen, und das ständige Vorbeirauschen heißer Motoren bewahrt sie davor, im Winter Frostschäden davonzutragen. Auch *Ligustrum* wird gern angepflanzt, allerdings hat die Pflanze, die man an den Autobahnen des Mittelmeerraums sieht, dichtes, glänzendes Laub und ist etwas völlig anderes als der windgepeitschte, jämmerliche, struppige Liguster, den man aus London kennt.

In den tristen Benelux-Ländern hat die Gärtnerkunst an den Autobahnen ganz erstaunliche Leistungen vollbracht, was sich gut trifft, da Autofahrer sonst durch sensorische Deprivation in den Wahnsinn getrieben würden. Ein Genie, ein zauberisch begabter Mensch, oder auch eine ganze Gruppe solcher Menschen, hat eine perfekte Formel für die Autobahnbepflanzung ausgetüftelt, die geradezu genial auf zähe Buschrosen, vor allem Kartoffelrosen, zurückgreift – auf die *Rosa* rugosa 'Roseraie de l'Haÿ', auf 'Frau Dagmar Hartopp', 'Schneezwerg' und 'Nevada', die, alldieweil sie schneidenden Wind und verpestete Luft lieben, nicht einen einzigen schwächlichen Trieb oder unschönen schwarzen Fleck aufweisen. Dazwischen stehen langweiligere immergrüne Pflanzen, aber interessant variiert in Farbe und Textur: verblüffende, goldblättrige Schneebälle zum Beispiel, Schmetterlingssträucher im episkopalsten Violett und niedrigwachsende Koniferen. Spezifischer kann die Verfasserin dieser Zeilen bei 100 Stundenkilometern leider nicht werden.

Selbst im trübsten Winter bleibt das Ganze interessant und zeigt sich auf der E40 zwischen Ostende und Brüssel und zwischen Aachen und Köln von seiner besten Seite.

Wenn britische Kraftfahrzeugsteuerzahler mehr auf den Sicherheitsaspekt dieser Anpflanzungen hinweisen würden, da sie den Stress reduzieren, immer nur auf weiße Mittelstreifen und in entgegenkommende Scheinwerfer zu starren, würde die M1 vielleicht ihren nicht gerade begehrenswerten Titel als die hässlichste Straße in ganz Europa verlieren.

Australien

Bedenkt, werte Mit-Gärtnerinnen und Mit-Gärtner, dass es auf der sonnigen Seite der Welt eine Metropole gibt, die von weichen Wassern durchflossen und im Sommer alle zwei bis drei Nächte lieblich und sanft beregnet wird und die noch nie von Frösten heimgesucht wurde. Denkt, während Ihr blind vor Lichtmangel an schwärzlich verfärbten Sträuchern entlangschreitet, die in klammer Eiseskälte vor sich hinmodern, an gesund glänzende Pflanzen, vor denen die Matronen von Sydney stehenbleiben, um riesige Gardenien abzupflücken und in die Föhnfrisuren zu stecken, die ihre ledrigen Gesichter umschmeicheln.

Stellt Euch vorstädtische Flügelfenster vor, über die Stephanotis und Jasmin ranken, echter und falscher. Im duftenden Abendwind neigen sich die riesigen Blüten des Hibiskus so anmutig wie die Köpfe von Herzoginwitwen. Nachtkerzen und Mondwinden schwellen lautlos an und erblühen explosionsartig, während das Eis im Martinikrug klirrt und kakophonisches australisches Geplauder erklingt.

Das sind Gärten, in denen es sich leben lässt, in denen die grelle Mittagssonne gedämpft wird von Kampferlorbeer, so hoch wie die Kuppel des Leseraums im British Museum, von *Magnolia grandiflora*, die ihre cremigen Kelche hochreckt, damit die Zaunkönige darin ein Duftbad nehmen können, oder auch von der unvergleichlichen Jakaranda. Durch die Äste strengerer Bäume schlingen sich Begonien, die niemals sterben müssen und ihre Muscheln und Glocken schütteln wie tonlose Tempelinstrumente, während Würgerkrähen fluchend vorbeistürzen.

Falls diese Gärten Ihnen, die Sie von der Hüfte abwärts tiefgefroren in ihrem Gartenschuppen stehen und mit vor Kälte geschwollenen Fingern pikieren, wie ein Paradies vorkommen, so sind sie der lautstärksten Gruppe australischer Gärtner ein Gräuel. Die südamerikanische Jakaranda, der mexikanische Jasmin, die aus Madagaskar stammende Stephanotis – sie alle sollen ausgerissen, zerhackt, verbrannt und verbannt werden. Nichts, was sich *japonica*, *sinensis* oder *nepalensis* nennt, soll geduldet werden. Alle öffentlichen Anlagen sollen sich ausschließlich auf australisch-stämmige Pflanzen beschränken. Zylinderputzer, Silberbaum und Eukalyptus sollen alles andere unter sich begraben.

Eine Nation von Mischlingen, die meisten von ihnen ein unglücklicher Mischmasch aus verachteten überseeischen Minderheiten, ist entschlossen, die Hybriden nicht länger in ihren Gärten zu dulden. In einer Stadt, in der der ursprünglich hier heimische Mensch, der Aborigine, nirgends zu sehen ist, soll der pflanzliche Aborigine herrschen. Und wir verschwenden unsere knappen Mittel für ein Australienhaus im Botanischen Garten in Kew!

Indien

Pflanzen würden in Bombay wundervoll gedeihen – wenn sie könnten. Kaum lugt ein
winziger grüner Schössling aus der roten Erde
hervor, sind auch schon hundert Leute über ihn
hinweggetrampelt, mehrere Dutzend haben auf
ihm gesessen und ein paar haben darauf geschla-
fen. Falls die Stelle, wo er Wurzeln geschlagen hat,
einen Durchmesser von über einem halben Meter
aufweist, hat sich darauf ein neuer Slum ange-
siedelt.

Angenommen, der Schössling schafft es trotzdem, so groß zu werden, dass er mit dem bloßen
Auge erkennbar ist, wird er prompt verspeist.
Zahllose Pflanzenfresser bevölkern die Straßen
von Bombay, und nur die wenigsten (und die
größten und nettesten) sind heilige Kühe. Viel
zahlreicher sind die viel weniger heiligen Pferde.
Menschen sind nur selten darauf angewiesen, sich
von den in Bombay wachsenden Pflanzen zu er-
nähren, allerdings vergnügen sie sich gern damit,
mit Betelsaft nach ihnen zu zielen, so dass die

überlebenden Blättchen ein seltsam gesprenkeltes Bild darbieten, eine Abwechslung von der wundervollen altrosa Eintönigkeit des universalen Staubs.

Gärtnern in Bombay ist daher grundsätzlich eine Frage der Befestigung. Solide Bollwerke müssen errichtet werden, hinter denen sich die Pflanzen vor Verlegenheit und Scham winden und bezeichnenderweise das Wachstum verweigern. Besorgte Hüter beugen sich mit Blechbüchsen voll dreimal benutzten Wassers über sie, so dass sie ebenso von menschlichen Neurosen überwältigt werden wie jede pausenlos betütelte Hauspflanze bei uns.

Selbst fanatischste Gärtner, die sehen, wie Hausangestellte jeden vertreiben, der müde ist und im Reich der Pflanzen kurz ausruhen möchte, jeden, der erhitzt und fliegengeplagt und versucht ist, sich einen Wedel abzureißen, auch die erschöpfte Mutter, die ihr Kind nur kurz absetzen will, damit sie ihren Sari neu knoten kann, erkennen hier zu ihrer Schande, dass Menschen vor Pflanzen Vorrang haben sollten.

Doch sicher freut es Sie zu hören, dass die Pflanzen durchaus zu ihrem Recht kommen. Die Bombayer Pferderennbahn (wo an dem Tag, an dem ich da war, im ersten Rennen nur ein einziges Pferd lief) wird nämlich von Regenbäumen beherrscht, die die Rennbahn überwölben wie die Rippen einer gewaltigen Ausstellungshalle. Und dort entleeren ihre Freunde, die Schwarzmilane, ihre Gedärme auf überaus gewinnende Weise aus großer Höhe auf die unter ihnen daherschlendernden Millionäre.

Abschied

Falls es in den vorherigen Kapiteln den Anschein gehabt haben sollte, dass ich mich relativ weit von meinem einmal gewählten Thema entfernt habe, so gibt es dafür einen traurigen Grund. Es ist der Single-Frau nämlich nicht immer vergönnt, mitten im Herzen von London ihren eigenen Grüngürtel zu besitzen, und jene, deren Beruf es ist, auf das kontinuierliche Fließen von Finanzströmen zu achten, erachteten es als erwiesen, dass mein großes Haus finanziell eine zu große Belastung darstellt.

Ich bin nun wirklich keine Schwarzseherin, doch irgendwann musste selbst ich einsehen, dass die Zeit, die ich in meinem wehrhaften Garten verbrachte, Zeit war, die nicht damit verbracht wurde, Geld zu verdienen, um die Raten bezahlen zu können. Und dann war da noch die Kleinigkeit einer Steuerschuld. So lange ich den Garten hatte, hinderten seine Opiumdämpfe mich daran, den wahren Ernst der Lage zu erkennen.

Vielleicht hätte ich mich um ein Darlehen von

irgendeiner unparteiischen dritten Seite bemühen sollen, um meine enormen Anstrengungen, die Herzen der Nord-Kensingtonianer zu erfreuen, fortsetzen zu können, aber ich bin nicht an Darlehen-heischende Prozeduren gewöhnt. Ich bin es gewöhnt, meinen eigenen Lebensunterhalt zu verdienen und meine Ausgaben davon zu bestreiten, statt Geld zu verdienen und Steuern zu bezahlen und dann eine Rückerstattung zu beantragen, damit ich davon meinen Lebensunterhalt bestreiten kann, falls Sie verstehen, was ich meine.

Sie verstehen jedenfalls, worauf ich hinaus will: Der Garten ist verkauft. An einen Wirtschaftsprüfer, wie ich wohl kaum zu betonen brauche, oder vielmehr, denn er ist kein Idiot, an seine Frau. Vielleicht wäre alles anders gekommen, wenn ich auch eine Frau hätte.

Für sie deckt nun die Lawine dreckiger Lindenblätter den Garten hinter dem Haus zu und erstickt den kriechenden Günsel, *Ajuga reptans* 'Tricolor'. Sie schlägt sich nun mit meinem Kompostbeschleuniger herum, und ich wette, sie stellt sich dabei schlauer an als ich, schließlich war sie von Anfang an schlau genug, einen Wirtschaftsprüfer zu heiraten.

Für mich gibt es keinen Regen mehr, der wie

Tau auf meine Haare fällt, während ich beobachte, wie die Tropfen im Herzen der *Rosa* 'Mermaid' zittern. Auch nicht das eklige »Quutsch« von zwischen Rosenblättern zerquetschten Raupen, das Knirschen zertrampelter Schneckenhäuser auf dem gelben Backsteinweg oder den lautlosen Tod der Nacktschnecken. Keine Miniermotte kommt in meinen Gruselblumenkasten, der eigentlich ein Balkon ist und überhaupt nichts Gruseliges hat. Ich habe jetzt keinen Kompost mehr, sondern einen Müllschlucker. Und statt meines Aussätzigenspitals von Garten liegt der ganze Hyde Park direkt vor meiner Tür und lädt zum Spazierengehen ein.

Wieso bloß tut mir dann das Herz so weh?

Germaine Greers
Heckenschüsse

Mein Gärtner Charlie

Mein Gärtner heißt nicht Charlie, und im Grunde ist er auch nicht mein Gärtner, doch er möchte Charlie gerufen werden, und es ist soviel einfacher, ihn meinen Gärtner zu nennen. Charlie arbeitet schon für mich, seitdem ich dieses Haus gekauft habe. Als er sich damals um den Job beworben hat, hat er mir versichert, er werde hier »nicht nur faul herumhängen«. Er hat Wort gehalten. Drei Vormittage in der Woche ist er gegen neun Uhr gekommen und hat bis zwölf Uhr unermüdlich umgegraben, gehackt und Unkraut gejätet.

Dann war für ihn Feierabend.

Er lief damals schon mit dem zweiten künstlichen Hüftgelenk herum; das erste hatte man ihm wohl eingesetzt, als er noch zu jung war, und es sprang immer wieder aus der Gelenkpfanne. Trotzdem hält er seinen Chirurgen für einen begnadeten Mann, und er liebt Gott, der ihn, in seiner großen Güte, nur mit Hüftarthrose geschlagen hat.

Charlie denkt, dass ich mir zu viele Sorgen mache. Er hält nichts davon, Pflanzen zu verhätscheln, indem man sie in die für sie richtige Umgebung bringt oder sie gar abhärtet, ehe man sie aussetzt. Und was die Umwelt betrifft, benutzt Charlie, was am besten funktioniert, und wenn es da etwas gibt, das ich in meinem Garten nicht haben will, muss ich es nicht unbedingt wissen.

Jahrelang habe ich vergeblich versucht, ihm die Arbeit zu erleichtern: Ich habe zum Beispiel einen Strohballen gekauft und einen Häcksler, mit dem das Stroh sich zu Mulch rupfen lässt, damit Charlie, mit Mulch auf den Beeten, weniger Unkraut jäten muss. Ich habe im Lauf der Jahre überdies ein ganzes Regiment breitschultriger junger Männer fürs Grobe und zum Umgraben angeheuert; aber die Wahrheit ist, Charlie kann es nicht ertragen, andere diese Arbeit verrichten zu sehen – sie machen es doch falsch. Der Anblick von Jungs, die kostbaren Mutterboden mit dem Untergrund vermischen, verbittert ihn. Nein, er gräbt lieber selbst, und wenn ihm dabei seine Wackelhüften noch so sehr zu schaffen machen. Er bewältigte sogar die Andentanne, die ich zu Weihnachten gekauft hatte und mit der, wie ich schmerzlich erfahren musste, gar nicht zu scherzen ist. Mein Patenkind Hannah war über die Weihnachtstage bei mir zu Besuch, deshalb hatte ich gegen meine sonstige Gepflogenheit einen Christbaum gekauft. Ich wählte eine Andentanne (*Araucaria araucana*), in der Hoffnung, dass sie wenigstens nicht ihre Nadeln im ganzen Haus verstreuen würde und überdies nach Lichtmess im Garten eingepflanzt werden könnte. Offen gestanden hatte ich mir nicht sonderlich viele Gedanken darüber gemacht, ob ich Araukarien wirklich mag oder gar für eine Verschönerung der Landschaft halte. Der einzige dieser immergrünen Bäume, den ich zuvor gesehen hatte, stand im Garten eines Hauses in Wales, das der Autor Heathcote Williams bewohnte. Und wenn ich mich jetzt richtig erinnere, sah er recht seltsam aus.

Unsere Andentanne erwies sich anfangs tatsächlich als unproblematisch; jedenfalls, bis wir uns daran machten, sie aus dem Auto zu holen. Dann aber wurde uns klar, dass es nahezu unmöglich ist, von ihren nadelspitzen, schuppenförmigen Blättern nicht schmerzhaft punktiert zu werden. Es ist mir rätselhaft, warum ein Baum so aggressiv sein muss.

Diese chilenische Kiefer ist eine seltsam primitive Pflanze; ein Relikt aus grauer Vorzeit, mit entweder nur männlichen oder nur weiblichen Blüten. Welches Geschlecht meine Araukarie hat, werde ich erst zur Blütezeit wissen. Wenn mir dann der Sinn nach Araukaria-Kernen steht, könnte ich dem wehrhaften Gast durchaus einen Partner oder eine Partnerin verschaffen. Doch ich muss gestehen, dass einer dieser Neandertal-Bäume genügt, die pro Jahr knapp 30 Zentimeter wachsen. Sie zu züchten wäre das Gleiche, wie giftige Gila-Tiere oder Galapagos-Schildkröten zu vermehren.

Als Charlie im Frühjahr die Andentanne in ihrem Kübel entdeckte, bot er sich sogleich an, sie »einzukuhlen. Braucht zwei Minuten.« Als er wenig später zu seiner üblichen Tasse Tee ins Haus kam, war Charlie zum Scherzen aufgelegt. Hätte ich aufmerksamer zugehört, wäre mir da schon aufgefallen, dass nicht alles in Ordnung war. »Leichtes Graben«, sagte er. Das war nicht überraschend, denn alle Baumgruben waren bereits von einem mechanischen Grabgerät ausgehoben und wieder locker gefüllt worden. »Bevor ich wusste, wo ich bin, war das Loch gut einen Meter tief, und ich konnte nicht mehr herauskommen. Hat zehn Minuten gedauert, bis ich wieder draußen war.«

Als ich später aus dem Fenster blickte, war zu meiner Verblüffung von der Andentanne nichts zu sehen. Nichts. Ich zog meine Gummistiefel an und ging nach unten, um herauszufinden, was passiert war. Was ich fand, war eine Andentanne, die nur gut zur Hälfte aus dem Boden guckte; Charlie hatte unsere ehemalige Zimmertanne nicht eingepflanzt – er hatte sie beerdigt. Ich musste mich auf den Boden legen und den Stamm mit den bloßen Händen von Erde befreien, wobei die Araukarie mir meine Mühe damit entlohnte, dass sie mir die Ohren aufschlitzte und die Haare büschelweise ausriss.

Jetzt, zwei Jahre später, haben die Ärzte Charlie informiert, dass sein zweites künstliches Hüftgelenk die Gelenkpfanne beschädigt hat und auch das andere Gelenk es nicht mehr lange machen wird. Alle zwei Wochen schaut er bei mir herein, um mir zu sagen, dass er für mich wohl nicht mehr wird arbeiten können. Und jedesmal versichere ich ihm, er werde, sobald es draußen wieder wärmer sei, ganz bestimmt wieder in den hohen Hügelbeeten herumwerkeln, die ich eigens für ihn habe anlegen lassen. Aber ich sehe, dass der Schmerz nun doch zu stark für ihn geworden ist.

Und die Araukarie? Sie baut weiter an ihrer verrückten Leiter ins Nichts, türmt langsam, Ring auf krummen Ring, ihre Kandelaberzweige übereinander und verkürzt die Zeit auf ein paar Armlängen Stamm. Es scheint, als mache sie sich über all das Leiden nur lustig, das sich in ein einziges Menschenleben pressen lässt.

Macbeth im Blumenbeet

Sommerregen und erhebliche Mengen abgelagerter Pferdemist, der in meinen Beeten untergegraben wurde, haben in meinem Garten genau das wachsen lassen, was zu erwarten war: Unkraut. Natürlich ist auch das gekommen, was ich gepflanzt habe, doch es wird erschreckend rasch von einer Welle illegaler Einwanderer zugedeckt.

Nun gibt es Menschen, die in der Gartenarbeit nichts als eine überaus wohltuende, freundliche Beschäftigung sehen. Ach, wie wenig wissen die von den Orgien ethnischer Säuberungen, den Giftgasüberfällen und der biologischen Kriegsführung, die des Gärtners täglich Brot sind. Gewiß, auch Unkraut zählt zu den Pflanzen.

Aber eben nicht zu denen, die wir mit Wohlgefallen betrachten. Und je mehr unsere Lieblingspflanzen uns am Herzen liegen, desto bösartiger springen wir mit den ungebetenen Gästen um, die sich ungefragt und ellbogig in den Vordergrund drängen.

So genügt es mir denn auch nicht, mannshohen

Ansammlungen von Herkulesstauden, Wasserschierling, Malven und Nesseln mit der Sense zu Leibe zu rücken, damit sie mir nicht die jungen Bäumchen erwürgen – nein, man kann mich an den wenigen windstillen Tagen gelegentlich mit einem großen gelben Buckel zwischen den bedrohten Bäumen herumstapfen sehen. Mein Buckel ist eine tragbare Giftspritze. Sie ist mit einem biologischen Unkrautbekämpfungsmittel gefüllt, das jede Pflanze, die den feinen Sprühregen auf ihren Blättern spürt, zu einem geradezu hektischen Wachstum anregt, bis die Pflanzenkörper sich schließlich nach Art eines bischöflichen Krummstabs rollen und die ganze Pflanze in sich zusammenfällt und welkt. Ein anderes Mal trage ich hochgiftige Gestrüppkiller mit noch weit gemeineren Eigenschaften in die drohende Wildnis.

Ich wollte, ich müßte nicht so grausam handeln. Wenn ich doch nur mit dem Unkraut leben könnte. Ich könnte es! Eines Tages werde ich es tun. Es ist nur …

Noch sind meine Bäume klein und schutzbedürftig, und das Unkraut scheint nie zu wissen, wann es Schluss machen muss. Es überwältigt meine Bäumchen, erdrückt sie, nimmt ihnen das

Licht oder klettert in ihr dünnes Astwerk und zieht sie erbarmungslos zu Boden. Unkraut hält nun einmal nichts von leben und leben lassen. Und natürlich gewinnen diese Invasoren immer. Je mehr ich verstümmele, verunstalte oder aus der Erde reiße, desto mehr kommt nach. Wie Macbeth muss ich immer weiter töten, zerfetzen, abhacken und herausreißen, obwohl ich gerade daran nicht die geringste Freude habe.

Versuch's doch mal mit Bodendeckern, sagen die einen. Ich habe schon mit allen erdenklichen Bodendeckern experimentiert. Efeu, Epimedien, kleinblütige Weideröschen, Schwarzwurz in den verschiedensten Blütenfarben, Pfennigkraut, Lamiums, Tiarellas. Man nennt mir eine Pflanze, ich kaufe sie. Und alle zeigten sie das gleiche wahnsinnige Verlangen, ins Wurzelwerk der Raritäten und Herzenspflanzen um sie herum vorzudringen und sie zu killen, während das gemeine Unkraut sich in wilden Horden an den Stellen breit macht, welche die schönen Verblichenen geräumt haben. Bodendecker sind Krypto-Unkraut. Sie stecken mit den Zerstörern unter einer Decke.

Mulch! tönt es aus den Reihen der Anti-Herbizid-Lobby. Nicht jäten – mulchen! Gehorsam habe ich gemulcht. Zum Preis eines Kleinwagens habe ich eine Lastwagenladung zerkleinerter Baumteile mit dem schönen Namen »Dekorativer Rindenmulch« erworben und in einer fünf Zentimeter hohen Schicht auf all meinen Gartenbeeten verteilt. Doch der ausgelassene Südwestwind, der meine drei Morgen Land an sechs von sieben Wochentagen entweder streichelt oder peitscht, hat die Borkenstückchen eiligst in die Nordsee geweht. Was übrig geblieben ist, haben die Amseln auf sämtliche Gartenwege gescharrt. Woraufhin Charlie, mein alter Gärtner, der helfen wollte, das ganze Zeug zusammengekehrt und eingegraben hat. Nun verrotten untergegrabene Holzstückchen zwar mit der Zeit, verbrauchen dabei aber auch den ganzen verfügbaren Stickstoff im Boden.

Wie dem auch sei, dem Unkraut hat das alles nicht das Geringste ausgemacht. Es ist in der Rinde gewachsen, unter der Rinde und durch die Rinde hindurch. Besonders der große rotrispige Sauerampfer wächst gern in Erde, die gut mit Baumrinde versetzt ist, indem er eine Pfahlwurzel hinuntertreibt, die sich in etwa einem Meter Tiefe festhakt. Geschieht das mitten im Wurzelwerk einer edlen, heißgeliebten Gartenpflanze, ist es um sie geschehen, denn es ist absolut unmöglich, den Ampfer herauszureißen, ohne auch der Gastgeberpflanze den Garaus zu machen. Und lässt man den Ampfer in Ruhe, ist es ebenfalls um sie geschehen. Es sei denn, man beträufelt die breiten Ampferblätter mit Agent Orange oder einem ähnlich gefährlichen resoluten Entlauber.

Vogelmiere (*Stellaria media*) wächst auf der Rinde und sendet rundum so viele Wurzeln aus, dass sie beim Herausreißen bis zu sechs Pfund Rindenstücke festhält. Klebkraut (*Galium aparine*) mit seinen eigentümlich elastischen Wurzeln, die kaum ins Erdreich vorzudringen scheinen, wird von Rindenmulch derart angeregt, dass seine blattähnlich flachen Lager sich schon nach kurzer Zeit über sämtliche anderen Pflanzen auf den Rabatten ausbreiten. Brennesseln, Taubnesseln und Braunellen, sie alle entwickeln durch Rindenmulch zusätzliche Energie.

Seit Jahren beobachte ich, wie außerordentlich erfolgreich Pflanzen im Kopfsteinpflaster meiner Gartenwege Wurzeln schlagen. Ihren Brüdern und Schwestern in den mit Rindenmulch abgedeckten Beeten ging es bei doppelter Pflege stets nur halb so gut. Also habe ich angefangen, mit Steinmulch zu experimentieren. Zuerst habe ich meine Treibbeete mit Gartenkies abgedeckt, danach meine kleinen Kräuterbeete mit Erbsenkies und schließlich die größeren Rabatten mit etwa zwei Zentimeter großen Kieselsteinen.

Kiesmulche kosten nicht nur erheblich weniger als Rindenmulch (vor allem dann, wenn man ganze Lastwagenladungen direkt von einer Kiesgrube bezieht), bei schlechter Bodenqualität und fehlenden Nährstoffen, wie in meinem Garten, sind Kiesel vor allem ein besserer Mulch als Baumrinde.

Kiesmulch kann vom Wind nicht verweht und von Vögeln nicht fortgetragen werden, und überdies sind meine Kröten, die den Rindenmulch einst nicht ausstehen konnten, wieder da, träumen ihre Krötenträume unter den Blumen und fressen brav alle Schnecken.

Der teuerste Salat der Welt

Sie wollen also Gemüse ziehen. Nur etwas Gemüse, sagen Sie. Es wäre so schön, mal rasch in den Garten zu springen und ein paar knackfrische Blätter Schnittsalat oder etwas Senfkohl abzuschnippeln, ein naturbelassenes Weidenkörbchen mit frischen Erbsen und jungen Bohnen zu füllen und das alles gleich darauf, taufrisch, auf den Tisch zu bringen. Es müsste doch wunderbar sein, denken Sie, im eigenen Garten Artischocken, Tomaten und Eierkürbis zu ernten. Das stimmt. Allerdings nur bis zu einem gewissen Grad.

Zunächst einmal ist es äußerst schwierig, nur kleine Mengen Gemüse für den Hausgebrauch anzubauen. Sie ernten nichts oder gleich Berge. Samentüten enthalten heute entweder abgezählte sieben Samenkörner eines F1- oder F2-Hybriden oder gleich Tausende einer weniger edlen Sorte. Mit dem Inhalt einer einzigen Samentüte können Sie tausend Radieschen ziehen. Doch wer will schon tausend Radieschen knabbern? Gurkensaat dagegen ist immer sparsam eingefüllt, und die wenigen Kerne fallen auch noch leicht einer ganzen Reihe von Krankheiten und Heimsuchungen zum Opfer, vor allem deshalb, weil Sie sie im Gewächshaus ziehen müssen und früher oder später garantiert vergessen werden, sie vorschriftsmäßig zu gießen.

Freilandsaat ist auch nicht einfacher zu bewerkstelligen. Sie säen in Reihen oder breitwürfig aus, irgendein seltsames Gesetz des Wachstumszyklus ist gebrochen, und nichts zeigt sich. Also wiederholen Sie die Aussaat, und nun keimt plötzlich alles. Und wo Sie ein paar Dutzend Pflanzen erwartet haben, sprießen jetzt Hunderte.

Also versuchen Sie, wenn Sie endlich dazu kommen, auszudünnen und halten konsterniert Bündel von ineinander verknäulten Pflänzchen in der Hand. Wenn Sie allerdings rechtzeitig daran gedacht hatten, zu pikieren und sich die Sämlinge vorschriftsmäßig entwickeln, dann werden die gesegneten Dinger alle zur selben Zeit reif. Was wiederum Sie dazu verurteilt, pro Woche einen Zentner Erbsen oder Spinat zu essen. Das alles deshalb, weil Saatgut heutzutage mit Blick auf die Wünsche der Gefriergemüse-Industrie entwickelt wird und die meisten Gemüsepflanzen so gezüchtet sind, dass sie nicht nur in derselben Woche, sondern am selben Tag und sogar zur selben Stunde geerntet werden können.

Sie überlegen sich, Ihr Gemüse ebenfalls einzufrieren. Sie halten es wirklich für sinnvoll, im Garten zu wühlen und zu rackern, um später tiefgekühltes Gemüse zu essen. Und Sie putzen es, blanchieren es und füllen es in Gefrierbeutel. Dabei könnten Sie für den Preis einer Tiefkühltruhe gigantische Mengen von Tiefkühlgemüse im nahen Supermarkt bekommen. Gibt es denn gar nichts, was Sie lieber hätten als eine knappe Tonne nicht mehr ganz jungen Gemüses – vorausgesetzt, Sie können durch das Eis noch sehen, was für Gemüsesorten Sie haben. Oder hatten.

Etwa eine Woche lang macht es Spaß, das eigene Gemüse zu ernten. Bald aber werden Sie es leid sein, mit den Zubereitungen von Mahlzeiten schon Stunden vor der geplanten Tischzeit zu beginnen. Wurzelgemüse muss ausgegraben werden. Das bedeutet, Sie ziehen Gummistiefel an, suchen die Grabgabel und stellen sich darauf ein, den Schmutz, mit dem Sie sich von Kopf bis Fuß bespritzen werden, wieder zu entfernen, ehe jemand am gedeckten Tisch sitzt.

Wenn Sie kein Pflanzengift verwenden – und das werden Sie kaum tun, denn schließlich hat der

Wunsch nach garantiert ungespritztem Gemüse Sie veranlasst, einen Nutzgarten anzulegen –, dann müssen Sie immer doppelt so viel ernten wie gebraucht wird. Und wenn das Wenige, das nicht von Schnecken angefressen, von Fliegen durchbohrt oder von Blattläusen überzogen ist, einigermaßen frisch schmecken soll, muss es sofort zubereitet werden – ehe es weich wird oder in Gärung übergeht. Außerdem muss der ganze Vorgang auf die Sekunde genau getimt werden, damit das Gemüse Biss behält und weder zu heiß noch zu kalt auf den Tisch kommt. Und Sie haben geglaubt, ein Gemüsegarten macht es möglich, spontan zu sein.

Wer verhindern will, dass mäklige Esser auf knackige Kleinschnecken beißen oder Warzen auf Ihrem frischen Gemüse entdecken, der muss eine Sorgfalt walten lassen, die einer besseren Sache würdig wäre. Mit dem Unterschied freilich, dass derlei Mühen immer zum Scheiten verurteilt sind. In dreißig Jahren Gemüsegärtnern ist es mir nicht einmal gelungen, vollkommen sandfreien Spinat auf den Tisch zu bringen. Bitte fragen Sie mich nicht, warum das so ist. Ich wasche ihn dreimal in reichlich Wasser und schüttle mit der Salatschleuder jedesmal das restliche Wasser ab. Sand liebt meinen Spinat und weigert sich, ihn zu verlassen.

Warum im Spinat aus dem Supermarkt kein Sand ist, kann ich Ihnen nicht sagen.

Uneingeweihte glauben vielleicht, Gemüse aus dem eigenen Garten sei gratis. Wenn Sie allerdings Ihre Arbeitszeit berechnen und den Lohn für gelegentliche fremde Hilfe dazu; wenn Sie die Ausgaben für Saatgut, Düngemittel und Gartenwerkzeuge zusammenzählen, eingeschlossen Arbeitshandschuhe, die nie länger als zwei Wochen halten – dann wird Ihnen aufgehen, dass jede Erbse auf Ihrem Teller umgerechnet zehn Cent kostet. Die Kartoffeln sind so teuer, als ob Sie sie vergoldet hätten. Und Sie werden die monatelang eingekellerten, schrumpelig gewordenen Dinger noch essen, wenn vernünftige Leute längst feste, weißfleischige Erdäpfel aus Ägypten oder Israel zubereiten. Nur um nicht die investierte Zeit und das Geld zu opfern.

Die jungen Leute in meinem Haushalt jedenfalls haben nie genug Zeit für das aufwändige Zubereiten meines Heimgemüses. Und es ist sehr wahrscheinlich, dass ich statt meines zarten Pflücksalats Eisbergsalat aus dem Supermarkt auf dem Tisch vorfinde. »Wir haben Salat im Garten!« zetere ich. »Den teuersten Salat ganz Englands, wenn nicht der Welt. Und ihr geht hin und kauft

Plastiksalat! Mit *meinem* Geld!« So gesehen ist das Gemüseziehen schlecht für jede Beziehung. Ich wollte wirklich, ich könnte damit aufhören.

Blumen in Frost und Eis

Ganz gleich, wie gut Sie als Gärtner sind, im Frühling und Sommer werden Sie sicher Blumen im Garten haben. Das ist kein Kunststück.

Blühendes im Herbst ist schon schwerer zu erreichen, aber wenn es nicht gerade ungewöhnlich früh Frost gibt, sollte es Ihnen eigentlich gelingen, bis Ende November Farbtupfer auf den Rabatten zu haben. Im Winter Blumen im Haus zu ziehen, ist auch relativ simpel, weil man Narzissen- und Hyazinthenzwiebeln kaufen kann. Sie sind von Gärtnern topfit gemacht worden, die allesamt cleverer sind als Sie und ich und zudem allesamt in Holland zu wohnen und zu arbeiten scheinen. Wer allerdings mitten im dunklen Winter Blüten draußen im Garten haben will, braucht schon reichlich Know-how und etwas Glück.

Dabei gilt: Wenn Sie in der Stadt wohnen, können Sie eher Erfolg mit Winterblühern haben, als wenn Sie auf dem Land leben. Denn in der Stadt gibt es zahlreiche frostfreie Bereiche und erheblich mehr Schutz vor den eisigen, wie Sensen herabfallenden Winden, denen keine Blüte standhalten kann. Die meisten Winterblüher fürchten auch die Sonne weit mehr als den Schatten – vor allem dann, wenn die Blätter vereist sind.

Je finsterer Ihre Kellerwohnung ist, desto wahrscheinlicher haben Sie irgendwo draußen ein warmes Eckchen, etwa dort, wo verbrauchte Luft einem Entlüfter oder einem Kanalisationsrohr entströmt. Schauen Sie sich an einem verschneiten Tag draußen um, dann werden Sie sehen, an welchen Stellen der Schnee zuerst schmilzt oder gar nicht erst liegenbleibt: auf den Schächten von Abwasserkanälen nämlich oder über Abzugsrohren – überall dort, wo der Boden von Faulschlammgasen oder warmen Abwässern erwärmt wird. Diese Plätze gibt es für gewöhnlich vor Eingängen oder unter Fenstern. Wenn Sie einen gefunden haben, können Sie ja mal überlegen, was Sie dort pflanzen wollen.

Ich habe vor der Tür der Hausmeisterkate zwei stramme Winterblüher gesetzt: Einen *Prunus subhirtella* und eine weiße Variante des *Viburnum farreri*. Der Prunus, ursprünglich ein Japaner, blüht am nackten Holz. Die glänzenden Büschel roter Knospen werden sichtbar, sobald im Herbst die Blätter gefallen sind; sie werden sich im Winter der Reihe nach zu Blüten öffnen – so blassrosa, dass sie fast weiß wirken.

Viburnum farreri, der irrtümlich *Viburnum fragrans* genannt wird, ist ein äußerst dankbarer Strauch, der so ziemlich überall gedeiht. Er stammt aus dem Norden Chinas, wo er in fast jedem Garten steht, weil er nicht nur Blüten trägt, die den ganzen Winter lang bis zu zwölf Grad Kälte ertragen, sondern auch bei Erwärmung einen süßen Duft verströmt, der an den der Nachthyazinthe erinnert.

Eine Pflanze, die sich hervorragend für den Stadtgarten eignet, ist die Mahonie, weshalb Landschaftsgärtner sie in Mengen pflanzen. Sogar mitten in Londons Bankenviertel finden wir sie. Dort hat man alle vier Kultursorten gepflanzt, also blüht von November bis April immer wenigstens eine von ihnen. Ich habe beobachtet, wie vorbeihastende Börsenmakler anhalten, in der Luft schnuppern und sich umsehen, als gelte es eine schöne Frau zu erspähen – während der durchdringende Duft in ihre Nasen steigt und sogar kurz den Abgasgestank der Autos überdeckt.

Die Mahonie ist eigentlich hässlich. Starke, stelzbeinige Triebe mit gelegentlichen Dornen gehen in quirlständige, extrem stachlig gezähnte Blätter über; was in der Stadt freilich eher von Vorteil ist, weil es Hunde und Vandalen wehrhaft auf Distanz hält. Die klaren, kalten, schwefelgelben Blüten wachsen büschelartig und erinnern an lauter kleine nickende Glocken. Die *Mahonia lomariifolia* blüht als erste; dann folgt die *Mahonia x* 'Charity', eine Kreuzung aus *Mahonia lomariifolia* und *Mahonia japonica*, auch als *Mahonia bealei* bekannt, die im späten Winter blüht. Fügen Sie die *Mahonia aquifolium* hinzu, und Sie haben den kompletten Satz.

Wenn der einzige Platz, den Sie für etwas Winterblühendes haben, eine Wandfläche gegenüber von ein, zwei Fenstern ist, sollten Sie ihn allerdings nicht Mahonien opfern – eine Kamelie wäre erheblich lohnender. Ihre Kultursorten blühen durchgehend von November bis Mai. Im ungeschützten Garten werden die Blüten dieses Zierstrauchs von Frost, Wind, Regen und Morgensonne leicht verletzt. Die Sträucher bevorzugen sauren Boden, den es in vielen Gärten nicht gibt; dafür gedeihen sie prächtig in Kübeln mit Torf und Lauberde – solange man sie nur mit Regenwasser gießt. Das Einfachste ist, Regen aus einem Abflussrohr so abzuleiten, dass ein Rinnsal ständig in den Kübel rieselt. (Nicht aufs Laub, ständiges Begießen von oben bringt alles um; sogar eine Kamelie.)

Es gibt darüber hinaus noch Dutzende von Pflanzen, die der eifrige Wintergärtner ausprobieren kann, wobei er sich allerdings klarmachen sollte, dass diese Winterblüher häufig sehr unterschiedliche Leistungen bringen. Der gelb blühende Winterjasmin (*Jasminum nudiflorum*) ist sehr verlässlich, deshalb aber auch häufig anzutreffen. *Jasminum polyanthum*, der im Februar (in den südlichen Distrikten) blüht, ist dagegen kaum bekannt. *Lonicera purpusii* 'Winterbeauty' ist erheblich robuster und duftet fast ebenso angenehm. Doch mein absoluter Liebling unter den winterblühenden Kletterpflanzen ist ein bescheidenes Kerlchen namens *Buddleja auriculata*. Wenn Sie ein geschütztes Fleckchen an einer Tür oder in der Nähe eines Fensters haben, sollten Sie versuchen, dieses graue, linkische, wuchernde Schmetterlingsstrauchgewächs anzupflanzen: Es lohnt sich allein wegen seiner winzigen Trauben unscheinbarer Blüten, die von Oktober bis Februar den süßen Duft von Sandelholz verströmen.

Falls ich Sie bis jetzt noch nicht überzeugt habe, dass die Wintergärtnerei alle Mühe lohnt, sollten

Sie noch Folgendes bedenken: Wenn Sie sich auf eine Winter-Show konzentrieren, können Sie im Sommer ohne Gewissensbisse in Urlaub fahren, denn Ihnen kann im eigenen Garten nichts entgehen. Ihre Pflanzen machen dann nämlich auch Ferien.

Das Geheimnis des
englischen Gartens

Das Englischste an einem englischen Garten ist die (weltweit kopierte) »mixed border«, ein langes, etwa fünf Meter breites Randbeet, bepflanzt mit überwiegend winterharten Pflanzen: die höchsten hinten, die niedrigsten vorn. Jahr für Jahr zeigen Gartenzeitschriften Pläne für »mixed borders«, in denen sich hoch aufschießende, schlanke Pflanzen mit kugeligen, gelbe mit roten, rosafarbene mit blauen abwechseln oder was immer dem Redaktionsstab gefällt. Die Leser sollen wählen zwischen Rabatten, die Bienen und Schmetterlinge anziehen, solchen, die duften oder nur aus grauen Pflanzen bestehen oder den Farben ihres Fußballvereins folgen.

Tatsächlich gibt es keinen schöneren Anblick als eine »mixed border« in ihrer ganzen Üppigkeit. Begnadeten Gärtnern gelingt es wirklich, Form und Farbe der Blätter und Blüten so zusammenzufügen, dass dieser Gesamteffekt einer betäubenden Pracht und Vielfalt entsteht. Das Sinnlichste – wenn nicht das einzig Sinnliche – an den Engländern ist nun mal ihre Passion fürs Gärtnern, und das beste Beispiel dieser Lust ist die »mixed border«.

Keine andere Nation hat dieses Talent – wahrscheinlich, weil andere Nationen einfachere Wege gefunden haben, überbordende Sinnlichkeit zu befriedigen, zum Beispiel Essen, Mode oder Sex. Die großen englischen Gärtner sind meist stille, unauffällige Naturen, deren schlichtes Äußeres keinerlei Hinweis gibt auf die Zügellosigkeit ihrer Imagination. Wo Amerikaner oder Österreicher schon damit zufrieden sind, eine Reihe Tagetes an der Grundstückseinfahrt entlang zu setzen und ein paar Bäume oder Ziersträucher auf den Rasen zu pflanzen, träumt der englische Rabatten-Konstrukteur von einer überschäumenden und rauschenden, knospenden und blühenden Vegetation.

Dabei gehört die gemischte Rabatte nicht etwa ans Haus, sondern an eine verborgene Allee oder einen Spazierweg im Garteninnern – als wäre ihr Exhibitionismus für uneingeweihte Augen zu viel. Es zeugt einfach von schlechtem Geschmack, »mixed borders« dort zu pflanzen, wo ein Fremder sie sehen könnte. Manchmal liegt die »mixed border« zu beiden Seiten eines Grasweges zwischen zwei Hecken. So zum Beispiel im berühmten Garten von Kiftsgate, wo der direkte Zugang noch zusätzlich von weiteren Hecken verstellt ist. Nichtsahnend gelangt dort der Besucher durch einen Heckenbogen in ein prunkendes Pflanzen-Bacchanal. Leider muss er seine unerwartete Erregung meist mit einer Horde anderer Besucher teilen, die wie alle Eindringlinge in ein privates Vergnügen schon per definitionem unattraktiv sind – selbst wenn sie nicht mit lauter Stimme törichte Fragen stellen oder verstohlen Ableger klauen.

Der englische Garten ist ein umfriedeter Raum – eingeschlossen von Mauern, Hecken und Toren. Daraus entstand der beliebte englische Zeitvertreib, den Garten zu öffnen. An ein oder zwei Wochenenden im Jahr nehmen private Gärtner das Trauma auf sich, Publikum in den Ort ihrer geheimen Leidenschaften einzuladen – vorgeblich zu wohltätigen Zwecken: für notleidende Krankenschwestern, Veteranen oder den Seenotrettungsdienst. Aber da bleibt dieses Element von ungehörigem Zurschaustellen. Einige ganz schamlose Gärtner loben ihre Beete sogar lauthals selbst und lieben es, anwesend zu sein, wenn die Sightseeing-Reisenden eintreffen.

Wann immer ich gebeten werde, meinen Garten zu öffnen, erfinde ich eine Entschuldigung: Mein

Garten ist nicht fertig, nicht gepflegt – was heißen soll, dass ich meinen Garten nicht prostituieren will. Außerdem ist meine Rabatte wirklich nicht in Ordnung.

Meine »mixed border« sollte in den Farben Creme, Bronze, Silber, Kupfer, Grau und Altrosé strahlen, zusammengehalten von Bändern tiefblauer Blüten. Deshalb habe ich den briefkastenroten großen Mohn herausgerissen, der stur jedes Jahr auftaucht – und das wiederhole ich jeden Frühling seit zehn Jahren. Aber nichts kann ihn vertreiben. Dagegen will mein altrosafarbener Lieblingsmohn einfach nicht gedeihen. Auch die blassrosa Lichtnelken mit dunklerem Auge (*Lychnis coronaria*) wollen bei mir nicht wachsen, nur die ordinäre magentarote Version sprießt Jahr um Jahr wie der rote Mohn.

Aber es gibt auch gärtnerische Triumphe, ein paar im Himmel geschlossene Ehen. Der bronzefarbene Fingerhut reckt sich ungestützt empor, ganze Wolken pfirsichfarbener Schafgarbe an seiner Seite, hinter sich die hohen Federn des cremefarbenen Geißbarts. *Salvia turkestanica*, eine Salbeiart mit haarigen grauen Blättern und blau und rosa gefärbten Blüten wie aus venezianischem Glas, steht Seite an Seite mit ihrer blauen Schwes-

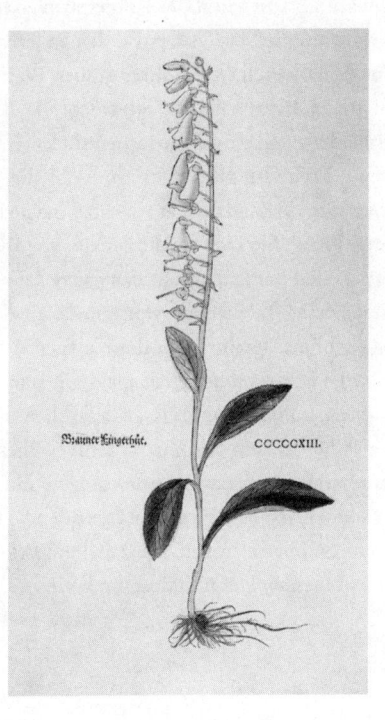

Brauner Fingerhüt. CCCCCXIII.

ter *Salvia uliginosa* hinter der Kamille (*Anthemis cupaniana*). Dafür blüht der Rittersporn eisvogelblau statt himmelblau. Aber von den anderen Salbeibüschen, die ich wegen ihrer grauen Blätter an jeden freien Platz pflanze, muss ich alle Blüten abschneiden, weil sie purpurfarben sind.

Meine Freundin Beth Chatto, wohl die beste Gärtnerin in England, macht sich über meine Farbmarotte lustig. Sie sagt, wichtiger sei, wie Blätter, Knospen und Samenkapseln das ganze Jahr über wirken. Meine Rabatte sei zwar hübsch, doch nur, wenn sie blüht. Meine Freundin hat fraglos recht. Ihr Garten ist weit schöner als meiner je sein wird. Menschen kommen in Bussen aus allen Ecken Europas herbei, um von ihr zu lernen. Niemand kommt zu meinem, außer Zaunkönigen und Meisen, Feldmäusen und Kröten, tanzenden Schwärmen von Schmetterlingen, Hummeln in Pelzjäckchen und meinen Patenkindern und mir.

Grün ist die Farbe der Revolution

Aus meinen Pflanzenkatalogen erfahre ich, dass es dieses Jahr wieder neue prächtige Freilandpflanzen und Sträucher gibt, die im Sommer ein spektakuläres Farbschauspiel bieten werden. Da die Vorstadtgärten heutzutage aber klein sind, wurden diese Pflanzen heruntergezüchtet. Extrem kurze Stengel und kaum noch Blätter sind das Ergebnis. Gigantisch große Blüten – auf den Samentüten gern als »Riesenblüten« angepriesen – decken gnadenlos alles zu, was die verordnete Farborgie stören könnte. Zwar waren Godetien schon immer kompakt; die neuen F_1-Kreuzungen aber sind so kurzbeinig, dass sie wie bemalte Pilze und nicht wie Gartenblumen wirken.

Der ideale Sommergarten hat sich als Teppich aus scharlachroten, orangefarbenen und chromgelben Streifen und Spiralen zu präsentieren. Oder mit leuchtend grellen Massen »gemischter Schattierungen«. Protzige, ständig Blüten tragende Pflanzen sprießen da wie ein Feuerwerk, das monatelang ununterbrochen abgebrannt wird. »Strahlend!« tönen die Pflanzenkrämer. »Brillant!« hecheln sie. Ganz so, als wäre ein Garten vor allem dazu da, den staunenden Betrachter zu blenden.

Die Namen, die diese Neuzüchtungen tragen, spiegeln die Wucht der beabsichtigten Wirkung wider: da gibt es 'Blitz' genannte Dahlien, Lilien namens 'Electric', eine Nachtkerze 'Fireworks' und einen Phlox namens 'Starfire'. Eine ganze Familie neuer Geranien wird als 'Sundance' vorgestellt; eine Sorte von Zwergastern erfreut sich der schönen Bezeichnung 'Comet', und außerdem gibt es noch Ringelblumen der Sorte 'Sunspot'.

Kaum zu glauben, dass Gartenfreunde ihre Pflanzenlieferanten bedrängen und nach mehr und vor allem leuchtenderen Farben verlangen. Es sind die geschäftstüchtigen Pflanzenfabrikanten, die die Gier nach Technicolor-Gärten mit Sternenregen und Vulkanausbrüchen forcieren. Und dem bedauernswerten Hobbygärtner bleibt nichts anderes übrig, als sich Blumensamen namens »Pop-Festival« zu kaufen, obwohl er sich so etwas Scheußliches wie ein Pop-Festival nicht einmal in der Nähe seines Gartens vorstellen mag.

Der Wettstreit um die brillantesten Farbtöne hat Pflanzenzüchter dazu gezwungen, selbst würdige und durchaus geschmackvolle Pflanzen so grell zu schminken, wie es ihre einfältige Palette hergibt. »Die erste wirklich rote Petunie!« schmettern sie aus stolzgeschwellter Brust, nachdem ihnen eine Petunie gelungen ist, die sich durch einen schwachen rötlichen Hauch auszeichnet. Jedes Jahr hüllt sich das ansonsten sanfte Stiefmütterchen in schreiendere Farben und nimmt in dieser Verkleidung so unpassende Namen wie 'Tangerine' oder 'Jolly Joker' an.

Blätter dürfen nicht länger schlicht grün sein. Büschen und Bäumen wird abverlangt, in grellen Farbschattierungen daher zu kommen, und statt auf das bunte Herbstlaub zu warten, wird dem Garten Ganzjahresfarbe verschrieben. Der Pflanzenzüchter schätzt sich glücklich, der eine normalerweise grüne Pflanze findet, die eine Art Virus befallen hat und die jetzt weiß oder gelb gestreift oder gefleckt aussieht. 'Variegata', 'atropurpurea', 'aurea', 'argentua', 'aureo-marginata' und 'maculata' verkaufen sich nämlich allemal besser als hundsgewöhnliche Pflanzen der Sorte 'communis' oder 'vulgare'.

Vielfarbige Sorten, die aus so einer Art Virusinfektion hervorgegangen sind, lassen sich nicht sortenecht aus Samen ziehen, sondern nur vegetativ (durch Ableger) vermehren, was dem Züchter zumindest in den ersten paar Jahren ein garantiertes Einkommen sichert. Die meisten dieser Pflanzen sind nicht sehr ausdauernd; ein Umstand, der dem Züchter noch besser ins Konzept passt. Kann er doch, wenn sie nach ein bis zwei Jahren absterben, eine vorgeblich verbesserte Spielart solcher bleichsüchtigen oder apoplektischen Pflanzen verkaufen.

Mag ich also keine Farben? – Ich *liebe* Farben.

Mein Favorit ist die Farbe, für die die Pflanzenzüchter gemeinhin keine Zeit haben. Es ist das Grün. Und am schönsten finde ich meinen Garten zur Knospenzeit, wenn fast alles nur grün ist, angefangen vom Grün jungen Salats über Blaugrün bis hin zu Schwarzgrün. Grün überall. Grün, wohin ich blicke. Feinstflaumiges Grün, seidiges Grün, filziges Grün, steifes und vornehmes Grün und schließlich das kissenweiche Grün des bescheidenen Mooses. Wenn dann die Blumen herauskommen, erkenne ich meine Fehler: das falsche Rosa neben dem falschen Blau oder einer unpassenden Cremefarbe und dazu ein Gelb, wo eigentlich keins sein sollte.

Doch noch ist alles harmonisch aufeinander abgestimmt. Während die knospenden Pflanzen ihre unterschiedlichen Formen annehmen, zu Kugeln,

Fontänen, Säulen oder Kissen werden, bin ich trunken vor Erwartung, glücklich mit so viel Grün. Die Gartenbeete scheinen sich zu heben und zu senken, neues Leben geht wie in Wellen darüber hin, und jeder neue Tag bringt etwas Neues. Alles sieht frisch aus, optimistisch und zart. Später werden die Blätter sich vergröbern; das Leuchten ihres Grüns wird verblassen und manchmal einem fleckigen Braun Platz machen. Käfer und Raupen werden sie anfressen. Schmutz wird auch aus der dünnen, verpesteten Sommerluft regnen und die Blätter mit einer schwarzen Schicht überziehen. Rost- und Schimmelpilze werden auf ihnen wachsen. Jetzt aber sind die Blätter noch jung, zart und wohlriechend; jedes für sich ein Zeichen der Hoffnung darauf, dass das Leben den Tod besiegen wird.

Jeder Vorstadtgärtner liebt sein Grün, werden Sie mir entgegenhalten. Das zeigt schon die Mühe, die er in die Rasenpflege steckt. Aber der grüne Teppich (*il tappeto verde*, wie die Italiener ihn nennen) ist das einzige Grün, auf das ich in meinem Garten nur allzu gern verzichten würde, wenn ich könnte. Mein Lieblingsgsgrün ist vielmehr das Grün der Schubert-Lieder; das Grün von Zypresse und Rosmarin; das Grün der Felder und Hecken; das Grün von Horaz und Plato, von Wieland und Kant, die alle vor der Erfindung des Rasenmähers gelebt haben.

Denn Grün, nicht Rot, Genossen, ist die Farbe der Revolution.

Editorische Notiz

Unter dem spitzfindigen Pseudonym Rose Blight veröffentlichte Germaine Greer ihre Gartengeschichten, um schon mit dem Namen zu signalisieren, dass neben dem Gärtnerglück auch der Mehltau lauert.

Germaine Greers *Heckenschüsse* erschienen 1993 in der Zeitschrift »Architektur und Wohnen« in der Übersetzung von Hans J. Becker. Sie sind hier mit freundlicher Genehmigung der Autorin erstmals in Buchform veröffentlicht.